# RÉSUMÉ GÉNÉRAL

## *POUR le Comte* DE MORANGIÉS.

### FOND DU PROCÈS.

IL existe au procès quatre billets souscrits par le Comte de Morangiés, le 24 Septembre 1771. Ces mots *valeur reçue comptant* s'y trouvent.

Il existe au procès deux déclarations souscrites par ses Adversaires, & reçues par un Officier public le 30 du même mois. On y lit que la valeur des billets *n'a point été fournie.*

Des deux énoncés, quel est le véritable?

Le Comte soutient que les billets lui ont été surpris. Les Verons prétendent que les déclarations leur ont été arrachées; ainsi, fraude d'une part, violence de l'autre, voilà les deux points à l'examen desquels tout se réduit. Tant que les violences ne seront pas démontrées, les déclarations subsisteront; & tant que les déclarations subsisteront les billets seront nuls; il sera impossible aux Juges d'en ordonner le paiement.

Cette Cause, comme on le voit, est infiniment simple en elle-même. C'est à ce degré de clarté que nous avons toujours voulu la ramener; c'est aussi ce que nos Adversaires ont craint. Voilà pourquoi ils l'ont surchargée de tant d'accessoires qu'il a fallu approfondir & réfuter. Tâchons au moins en cet instant de dégager la vérité de cet océan de paroles où l'on s'est efforcé de la noyer.

Il n'y a que le crime qui les multiplie. L'innocence en eſt plus économe ; ce n'eſt jamais volontairement qu'elle devient diffuſe.

Diſcutons donc ſucceſſivement les déclarations & les billets. Fixons en peu de mots ce qu'il faut penſer de ces pieces contradictoires. Nous parlerons enſuite de la procédure du Bailliage du Palais. Nous examinerons ſi les Magiſtrats peuvent tolérer les irrégularités en tout genre dont elle eſt remplie, les vexations dont le premier Juge a accablé les témoins, & les outrages qu'il a accumulés ſur la tête du Comte de Morangiés.

## PREMIERE PARTIE.

### *Des déclarations.*

Avant que d'examiner comment elles ont été reçues, il faut voir par qui elles l'ont été, & ſi l'on avoit le droit de les exiger, ou de les recevoir. Le monde eſt plein de gens qui importunent pour des bagatelles la partie de l'adminiſtration chargée de veiller au repos commun des Citoyens. Ont-ils été injuriés par un homme d'un rang ſouvent très-peu diſtant du leur, ont-ils quelque ſoupçon contre un domeſtique, il faut que tout s'agite pour les ſatisfaire. Le moindre délai ou l'ombre de la défiance leur paroîtroit un déni de Juſtice affreux. Ils s'indigneroient que la Police ne s'ébranlât pas toute entiere pour leur procurer la vengeance d'un mot groſſier, ou la reſtitution d'une piece d'argenterie. Ce ſont ces gens-là même qui ſe ſcandaliſent qu'un Inſpecteur ait été envoyé au ſecours d'un Officier général menacé de perdre en un moment cent mille écus. Ils ſe récrient ſur ce qu'on n'a pas eu des égards aſſez reſpectueux pour des prêteurs ſur gages accuſés de l'eſcroquerie la plus révoltante. L'intervention de la Police dans cette affaire leur ſemble de la plus dangereuſe conſéquence pour la Société. Pour les guérir de leur ſcrupule, il ne leur en faudroit qu'une pareille. Alors ils ſentiroient que non-ſeulement la Police peut y intervenir, mais qu'elle le doit. En attendant prouvons-le.

### §. I.

*Que la Police a pu & dû dans le premier inſtant ſe mêler de cette affaire.*

Quel eſt le but de ſon inſtitution ? De prévenir les délits que les Tribunaux réguliers ne pourroient que punir, d'étouffer dans leur principe des crimes dont la Juſtice ordinaire ne peut connoître que quand ils ſont conſommés. Voilà pourquoi elle a été douée d'une marche plus rapide & d'une mobilité plus active. Voilà pourquoi elle a été dégagée des formes uſitées, & autoriſée à s'en créer de particulieres. Mais auſſi dans la crainte des abus ſon influence a été bornée; elle ne peut que ſuſpendre, & jamais détruire. A la moindre réclamation, elle remet aux Tribunaux les choſes dans l'état où elle les a trouvées. Elle ne fait qu'amaſſer des preuves qui ne nuiſent point aux lumieres poſtérieures que l'on peut acquérir.

Il eſt donc preſque impoſſible que ſon intervention ſoit jamais dangereuſe. Il l'eſt également qu'elle ne ſoit pas ſalutaire. S'il en réſultoit quelquefois des inconvéniens, outre que par la nature même des choſes ils ſeroient infiniment rares, & encore plus faciles à découvrir & à réparer, il ne faudroit les attribuer qu'à la foibleſſe humaine qui ne comporte pas des inſtitutions parfaites. Celle-là du moins l'eſt autant qu'elle peut l'être, ſur-tout aujourd'hui. C'eſt un hommage univerſel & bien légitimement dû au Magiſtrat qui la dirige.

Parmi les délits dont elle doit s'occuper, l'eſcroquerie, & une eſcroquerie en billets commiſe par des prêteurs ſur gages, comme celle que le Comte de Morangiés lui déféroit, eſt un de ceux qui requierent une attention plus ſuivie de ſa part & des précautions plus promptes.

Les prêteurs ſur gages, cette claſſe impitoyable & dévorante, qui ſubſiſte de la miſere des autres & s'engraiſſe de leur détreſſe, eſt proſcrite par les Loix. La crainte d'un plus grand mal oblige à les tolérer ſecretement; mais la néceſſité de réprimer leurs excès les a fait mettre ſpécialement ſous l'inſpection de la Police. C'eſt ſur-tout ſur eux que s'étend ſon empire. Dès qu'il eſt queſtion d'une affaire où ils ſont mêlés, elle doit accourir, comme les Pompiers quand on parle d'un incendie; ils n'exiſtent que ſous la condition expreſſe de lui être ſoumis ſans réſerve; & cette condition eſt ſi ſage, ſi eſſentielle au repos public, que probablement ils n'en ſeront jamais diſpenſés.

Or ici c'étoient des prêteurs ſur gages avérés & connus qu'on lui déféroit; c'étoit une famille indigente, qui, après avoir eſſayé paſſivement de ce triſte moyen de ſubſiſtance, avoit imaginé de l'employer d'une maniere moins triſte & plus honteuſe, en l'adoptant activement. Ils avoient commencé par emprunter ; ils finissoient par prêter, non pas en leur nom : ils se cachoient sous celui de la Tourtera. Voilà l'origine de leur liaison avec elle. Ils étoient, ce qu'on appelle dans l'argot de ce commerce perfide & meurtrier, des *Bourses*.

Les Auteurs des libelles publiés pour eux nient ce fait comme tous les autres : ils ont la hardiesse d'en demander la preuve, & elle a été faite juridiquement l'année derniere. Nous avons articulé qu'ils étoient inscrits sur les livres que la Police oblige tous les prêteurs sur gages à tenir en regle. On voit sur ceux de la Tourtera, en Août 1770, la femme Romain empruntant 80 livres sur le nantissement d'une paire de boucles d'oreilles.

En Septembre suivant, dans ce mois où ils prétendent avoir tiré de leurs coffres 300000 livres, la scene change. Aimant mieux être agens que patiens, ils avoient sacrifié toutes leurs ressources pour s'élever au grade de prêteurs. Ils avoient vendu à perte de plus de moitié du capital, chez Me Boutet, Notaire, des contrats qui produisoient 660 livres de rente (1); ils n'en avoient pas tiré sept mille francs. Ce sacrifice est d'autant plus étonnant que ces contrats étoient partie sur la Ville, partie sur les Aides & Gabelles, & par conséquent des meilleurs effets connus en papier ; il falloit que leurs besoins fussent bien urgens d'une part, & de l'autre leur empressement d'avoir de quoi prêter sur gage bien vif. Riches de ce fonds confié à la Tourtera pour l'exploiter, ils avoient placé, par son moyen, dans le courant de ce mois, vingt-six à vingt-sept articles, les uns de 60 livres, les autres de 40 livres, & un enfin de 9 livres, ce qui prouve qu'en aspirant aux gros bénéfices, ils ne méprisoient point les petits.

Les Magistrats pourront faire la vérification de ce livre. Le Ministere public l'a faite l'année derniere ; il a été forcé d'en convenir à l'Audience le 11 Avril.

Il est donc constant que la famille des Verons prêtoit sur gages, par le ministere de la Tourtera, en Septembre 1770 : la Police en étoit instruite. Par cela seul ils étoient donc immédiatement soumis à sa Jurisdiction. Souillés d'un titre qui

(1) Ce fait a été articulé par M. le Comte de Morangiés dans les confrontations ; la femme Romain en est convenue.

par lui-même est déjà une espece de délit, combien devoient-ils lui paroître suspects quand on les accusoit, devant elle, d'une escroquerie de cent mille écus? Des gens qui s'avilissoient par la correspondance d'une usuriere décriée comme la Tourtera, qui ne rougissoient point de recevoir, par son entremise, le lucre illégitime que pouvoit produire un prêt de 9 livres, devoient-ils paroître assez délicats pour en avoir négligé un de trois cens mille livres?

L'intervention de la Police est donc déjà bien justifiée par la qualité des Accusés; elle ne l'est pas moins par la nature du délit qu'on leur imputoit. C'étoit une escroquerie en billets; ces billets étoient à ordre.

L'état des affaires du Comte ne permettoit gueres à la vérité de craindre qu'on en fît un transport sérieux à un tiers, & c'étoit une raison de plus pour en suspecter la premiere tradition; mais il pouvoit se trouver un homme hardi, intriguant, assez disposé à braver tous les scrupules pour s'associer à une escroquerie fructueuse, un Aubourg, par exemple, qui les fit passer à son ordre.

Armé de ces titres, il auroit attaqué avec confiance le Comte de Morangiés: il lui auroit dit: vous vous plaignez d'avoir été subtilisé par des fripons; cela peut être, mais moi, je suis honnête homme. Je n'ai point traité avec vous; vous ne pouvez vous plaindre de moi: au contraire, j'ai fait honneur à votre signature. J'ai délivré mon argent sur ce seul gage: en voilà la preuve; payez-moi, sauf votre recours contre ces coquins qui nous ont abusé tous deux.

Si ce plan s'étoit d'abord présenté à l'esprit des Verons, ou plutôt s'ils avoient alors connu Aubourg, il est très-probable qu'ils l'auroient adopté: il n'auroit pas été plus funeste pour le Comte de Morangiés, parce que le Lieutenant Général du Bailliage ne s'en seroit jamais mêlé; mais il faut avouer qu'il auroit été plus embarrassant. Le rôle d'Aubourg n'auroit pas été plus honnête, mais il auroit été plus sûr. Nous aurions eu deux crimes à prouver au lieu d'un. Il auroit fallu découvrir & démontrer l'indigence d'Aubourg comme celle des Verons, l'affiliation d'Aubourg à la classe des Prêteurs sur gages, comme celle des Verons.

On en seroit venu à bout, il est vrai. On auroit prouvé, par exemple, que le Commissaire Chesnon lui avoit fait restituer un étui d'or qu'il retenoit après l'avoir reçu pour caution de la moitié de sa valeur, & bien d'autres traits pareils; mais la Cause en seroit devenue plus compliquée; & qui sait les ressources qu'auroit trouvées un homme tel qu'Aubourg, soit pour justifier en apparence, soit pour appuyer ses titres? Voilà donc ce qu'il falloit empêcher. Or, il n'y avoit que Dieu qui le pût en anéantissant les Billets par un miracle, ou la Police en s'en emparant par la voie de ses Officiers; il falloit donc que le Comte de Morangiés implorât son secours & qu'elle le lui accordât.

A cette premiere réflexion décisive par elle-même pour le moment devoient s'en joindre une infinité d'autres dans l'esprit du Magistrat. Le Comte de Morangiés réclamoit ses Billets; s'il en avoit touché la valeur, l'auroit-il fait? Est-il jamais arrivé, est-il possible qu'un homme, les mains pleines encore de l'or dont il vient de donner un reçu, s'éleve contre ce reçu dont l'encre est à peine séchée, sur-tout quand le terme de la restitution est éloigné? N'est-il pas uniquement occupé à jouir de sa richesse? Plus ses affaires sont en mauvais état, plus il est d'une part absorbé dans la possession d'une opulence inattendue, plus de l'autre il doit redouter l'éclat d'une dénégation que sa situation seule rendroit suspecte. Pour qui connoît le cœur humain, cette preuve est sans réplique.

D'ailleurs, à moins que d'avoir la vérité pour soi, réclame-t-on contre un écrit aussi imposant qu'un Billet? Tous les obstacles sont à redouter, toutes les présomptions à combattre pour celui qui, après l'avoir souscrit, nie d'en avoir reçu le montant. Au contraire celui qui en est nanti n'a qu'une opération à faire pour tout réunir en sa faveur, c'est de fermer la main. Avec ce geste seul il répond à tout. Il faut alors une discussion immense & des preuves quelquefois impossibles à établir pour le convaincre.

Mais c'est précisément l'excessive difficulté d'une part & la très-grande facilité de l'autre qui doit, dans ce genre de contestations, rendre, du moins au premier moment, l'accusateur plus croyable & l'accusé plus suspect. Et si celui-ci mene une vie qui autorise les soupçons; s'il est déjà flétri par une conduite crapuleuse; s'il exerce un métier qui ne soit, comme celui des Prêteurs sur gages, séparé de l'escroquerie que par une ligne presque imperceptible, que doit croire, que doit faire la Police quand on le lui dénonce comme coupable d'une escroquerie effective? Ne seroit-elle pas répréhensible si elle refusoit son appui à l'accusateur? Quelle seroit donc son utilité si elle se condamnoit à l'inaction dans le tems précisément où elle ne peut être utile qu'en agissant?

Elle a donc dû connoître en premiere Instance de cette affaire. Ses Officiers en étoient les premiers Juges naturels. Leur intervention n'a donc rien de suspect, ou plutôt elle n'a rien que de très-régulier. Il étoit impossible qu'ils ne fussent pas appellés, & ce n'est qu'en refusant leur ministere qu'ils auroient prévariqué. Jusques-là ils n'ont que rempli leurs devoirs. Voyons si dans la suite ils les ont violés.

## §. II.

*Que les Déclarations du 30 Septembre ont été volontaires.*

Que portoient les ordres du Roi adressés aux Officiers de la Police? Le sieur Dupuis nous l'apprend dans son Mémoire, & le compte qu'il en rend n'est pas suspect, puisqu'il en a pour caution le Magistrat même par les mains de qui ils ont déja passé. L'ordre général & ostensible étoit d'arrêter la femme Romain & son fils; mais des instructions particulieres modifioient cette injonction rigoureuse. L'Inspecteur & son Adjoint étoient chargés d'examiner les faits, d'approfondir amiablement, de concert avec M[e] le Chauve, si les Verons avoient pu avoir à leur disposition cent mille écus, & de ne les faire arrêter que dans le cas où ils ne donneroient pas d'indices satisfaisans sur l'origine de leur trésor.

C'étoit là au fond la premiere & la plus essentielle question à faire. Dans une République fameuse les Citoyens étoient obligés de déclarer tous les ans aux Magistrats de quoi ils vivoient, & si leur fortune étoit augmentée, d'en indiquer les moyens. Ce joug, que les plus farouches Républicains portoient sans peine, paroîtroit peut-être pesant à la corruption de nos mœurs. Mais il y a des momens où la Justice est obligée de le renouveller, & celui-ci en étoit un.

Des Prêteurs sur gages, nouvellement initiés à cet art flétrissant, plongés dans l'obscurité la plus profonde, se présentoient avec un titre qui supposoit cent mille écus fournis de leurs deniers. On contestoit ce titre. On soutenoit qu'ils ne s'en étoient procuré la possession que par un abus de confiance. Ce qu'il falloit examiner avant tout, c'étoit d'où pouvoit leur être venu ce trésor. Innocens, l'examen leur étoit favorable, ils devoient le desirer. Cette question étoit si naturelle, si inévitable, qu'ils s'y étoient préparés.

On conservoit encore tant de ménagemens pour eux, que ce n'est pas même à un Officier chargé d'un ministere de rigueur que cette discussion préliminaire est renvoyée. L'apparition du Commissaire auroit pu les intimider. Le Magistrat avoit expressément recommandé de la leur épargner pour peu qu'il se trouvât de probabilité dans leurs réponses. C'est chez un homme honoré de sa confiance, chez un conciliateur désintéressé qu'ils sont invités à se rendre, & ils y viennent volontairement.

Là il n'y avoit assurément aucune autorité capable de leur en imposer. Là on ne leur demande ni écrit ni engagement qui pût leur nuire ; on les exhorte simplement à donner des éclaircissemens sur leur prétendu prêt : on raisonne avec eux : on leur propose des objections : cela n'a rien de judiciaire ni d'effrayant. Le Comte de Morangiés est appellé & entendu comme eux ; il n'y a de différence entre eux que celle qu'exigeoit le rang, & celle encore qui résultoit des réponses.

Ces réponses de la part des Verons portent avec elles la conviction du fait dont on n'avoit encore que des soupçons. Pressés de s'expliquer sur la source de leur richesse, ils n'en donnent alors aucune. Ils ne parlent pas encore de cet ami de leur pere qui a, il y a trente-trois ans, remis à leur mere 260000 liv. en or que leur pere lui avoit confié sans témoins pour en avantager sa femme. Mais ils supposent que cet or a commencé à exister à Vitry, où ils l'ont augmenté de 40000 liv. par la vente de beaucoup d'effets précieux faite en foire à des Juifs inconnus. Ils soutiennent que la masse est retraînée à Paris, en secret, sur la charrette d'un Roullier, cachée sous du foin & mêlée avec de la batterie de cuisine ; elle y reste immobile & sans usage jusqu'au moment où le Comte de Morangiés se présente pour l'emprunter, & où le propriétaire en personne la lui porte seul, à pied, en une matinée & en treize voyages. Ce roman extravagant est mêlé de mille autres absurdités sans nombre que la conversation fait éclorre, & de bien des contradictions; mais les Verons n'en persistent pas moins à soutenir qu'ils ont donné les 100000 écus.

Après

Après plusieurs heures d'attente les Officiers porteurs des ordres se persuadent que le ministere de conciliation est fini, & qu'il faut constater judiciairement ce que les Parties ont dit. En vertu de leurs instructions ils les conduisent chez le Commissaire qui a le département des Prêteurs sur gages & des escroqueries. Le Comte de Morangiés n'est pas exempt de s'y transporter. Il est vrai qu'il y paroît comme plaignant, mais il n'a pas d'autre avantage ; & celui-là, il étoit impossible qu'il ne l'eût pas, puisque jusques-là du moins c'étoit lui seul qui se plaignoit à la Police : du reste, tout est égal entre eux. C'est la même voiture qui les conduit, c'est le même Officier qui va recevoir leurs déclarations.

Cet Officier, qui n'étoit prévenu de rien, se trouve absent ; on l'attend. Dans l'intervalle les suites de ce qui va se passer se développent aux yeux de Dujonquay resté seul, & qu'on laissoit alors paisible, de son aveu. Dès que le Commissaire sera arrivé, il faudra dire ouï ou non ; il réfléchit que s'il persiste à soutenir son complot, s'il fait devant un Officier public une fausse déclaration, il donne un titre contre lui & un titre irrévocable ; que l'affaire s'éclaircira, & que si une fois elle est approfondie en Justice réglée, il ne peut pas éviter un châtiment rigoureux.

Cette idée l'accable : la vérité se présente à son esprit avec tous ses droits & le mensonge avec tous ses dangers ; son cœur se serre ; la crainte, la honte, le regret l'agitent ; il fond en larmes ; il confesse son trouble & son repentir au sieur Collin, Commis de la Police. A ces sindereses, à ces symptômes d'une ame bourrelée, le sieur Dupuis s'approche & lui dit : *est-ce que vous n'avez pas dit la vérité chez Me Lechauve ? Non, Monsieur*, répond Dujonquai, & alors elle lui échappe au milieu des sanglots.

L'Officier monte auprès de la mere ; il lui fait part de ce qui vient de se passer. Elle marque un instant de suprise, mais sur le champ elle avoue que *son fils a dit vrai.* Un quart-d'heure après le Commissaire arrive ; il verbalise ; les déclarations se rédigent paisiblement, sans obstacle ; on ne reçoit pas celle du Comte de Morangiés parce qu'elle étoit inutile, puisqu'elle ne pouvoit contenir que ce que ceux qu'il accusoit venoient eux-mêmes de reconnoître.

Voilà les faits dans leur exacte simplicité, comme les ont déposés & comme les attestent Me le Chauve dans ce qui le concerne, Me Chenon & son Clerc, le sieur Dupuis & son Adjoint, & le sieur Collin, quoi qu'on ose en dire dans l'Ecrit intitulé : *Preuves résultantes du Procès.*

Les Verons les racontent, il est vrai, tout autrement. Si on les en croit, c'est pour les disloquer par les tortures les plus barbares qu'on les conduit chez Me Lechauve. Là on leur arrache, par des tourmens affreux, la promesse de signer ce qu'on voudra chez Me Chenon, où on les transporte avec de nouveaux détails de cruauté. L'effroi qu'on leur avoit inspiré dans une maison subsiste encore dans l'autre, & ils accomplissent sans résistance, chez le Commissaire qui ne les maltraite point, la parole qu'ils ont donnée chez le Procureur où on les a brisés de coups.

Voilà leur systême. Mais 1°, en tenant ce langage, ils jouent leur rôle ; ils seroient bien maladroits si, en travaillant à éluder leurs déclarations, ils ne les présentoient pas de la maniere la plus propre à les rendre suspectes; mais quelle preuve donnent-ils de leurs faits ? Aucune que leur intérêt ? Quels témoins ? Aucuns qu'eux-mêmes; *mà mere , moi*, dit Dujonquay : ces garans ne prévaudront pas sans doute sur les dépositions de six témoins graves, croyables, dont trois exercent des charges qui seroient seules des titres de confiance, & sont distingués par une longue réputation d'intégrité; de six témoins absolument désintéressés, dont deux n'ont cessé de l'être que par la procédure inique du Lieutenant Général du Bailliage.

2°. Les Verons fournissent eux-mêmes des preuves contre la réalité de cette scene lamentable qu'ils ont décrite avec tant d'efforts d'imagination. Remarquez d'abord que la cruauté n'y a qu'un seul agent. C'est le Sr Debruguieres qu'ils ont dévoué à la haine des Auditeurs ou des Lecteurs inconsidérés qui ont reçu leurs anecdotes sans daigner même en examiner la vraisemblance. Me le Chauve & le Sr Dupuis n'en sont pas complices, de leur aveu. Le premier n'a pas même été accusé. Dans leur ancien Mémoire signé Vermeil, page 37, ils rendent justice *à son exacte probité;* & la Sentence du Bailliage, qui croit pieusement aux violences, qui en rend le sieur Dupuis responsable, ne l'inculpe pas comme y ayant participé, mais comme ne les ayant pas empêchées. Son inaction n'a donc pas dû effrayer les Verons. Ils ont pu au moins le regarder comme neutre.

Or, dans leur Requête du 21 Février 1772, où ils racontent les faits & posent la base sur laquelle s'est élevé le systême monstrueux que le Bailliage a essayé de consacrer, ils disent que quand ils furent chez le Commissaire, *le sieur Dupuis appella du doigt Dujonquai & lui dit* AVEC BEAUCOUP DE DOUCEUR *: eh bien,* *êtes-vous déterminé à signer ?* .... Peu importe le discours qu'ils lui prêtent, parce qu'ils ont intérêt de le lui prêter ; ce qui est très-essentiel, c'est le ton qui l'accompagne, parce qu'il n'étoit pas de leur intérêt d'en convenir, & qu'il faut que la vérité soit bien constante pour leur avoir arraché cet aveu qui dément tout ce qu'ils disent.

*Avec beaucoup de douceur!* Mais s'ils avoient été jusques-là traités si violemment, si on leur avoit arraché par tant d'horreurs une parole qui n'étoit pas encore remplie, cette douceur, cette humanité de la part d'un Officier qui n'avoit qu'un mot à dire pour arrêter leur bourreau, n'auroit-elle pas réveillé l'espérance dans le cœur de Dujonquai ? N'auroit-il pas essayé de se prévaloir de la bénignité de cet homme si doux, au hasard de ne pas réussir, & de trouver la froideur de l'un aussi inflexible que la fureur de l'autre ? Cependant l'idée ne lui vient pas même d'en réclamer le secours ; il reste muet, & ne recouvre la parole que pour s'accuser devant le Commissaire.

3°. Suivant eux, c'est d'après un systême suivi & combiné qu'on les a dabord traînés chez un Procureur pour leur faire adopter, à force de coups, la proposition qui ne devoit être réalisée que chez le Commissaire ; & dans quels termes leur est faite cette proposition ? Les voici. Ils les ont insérés dans cette même Requête du 21 Février 1772, où ils disent que le sieur Dupuis a demandé avec *tant de douceur* à Dujonquai s'il signeroit. Celui-ci est introduit dialoguant avec le sieur Debruguieres qui lui dit : *tu m'as obligé à te maltraiter pour ton opiniâtreté ; j'ai pitié de toi : veux-tu donc t'exposer à pourrir dans un cachot ? Tu as un moyen de te retirer d'affaire qui est tout simple. Dis comme le Comte de Morangiès, que tu n'as eu les Billets que pour les faire escompter par une Compagnie pécunieuse ; que tu n'as fourni que 1200 liv. dont le Comte t'a fait un billet particulier ; que tu n'as jamais eu intention d'exiger sérieusement du Comte de Morangiès ; que tu n'as feint de le vouloir ainsi que pour l'inquiéter & le forcer à rendre les 1200 l. que tu craignois de perdre vu l'état de ses affaires. Que Dujonquai* LUI AYANT DIT : *je ne connois point de Compagnie pécunieuse ; Debruguieres dit : qu'est-ce que cela fait ...* JE N'AI POINT DE BILLET ... *dis que tu l'as déchiré. Dujonquai* LUI DIT : *je vous jure que j'ai prêté les 300000 liv. Debruguieres lui répondit, que tu les aies données ou que tu ne les aies pas données cela est égal, c'est un moyen que je te donne pour te sauver, &*

*j'aimerois mieux tout perdre que de pourrir au cachot.*

Quel homme honnête, quel homme éclairé croira qu'un Officier prévaricateur, qui veut gagner le salaire qu'on lui a promis, & forcer un malheureux qu'il tient sous ses pieds de se prêter à un complot destiné à lui enlever sa fortune & son honneur, lui en expose aussi cruement le plan ? Tout ce beau dialogue a été plaidé dans le tems. Il n'étoit destiné qu'à surprendre la crédulité de la plus vile populace, que le danger de ses pareils & la liaison avec les Verons amenoit en foule aux Audiences, comme des raisons du même genre, dans un autre sens, y attiroient les honnêtes gens. Cela est si vrai, que dans le Mémoire imprimé en 117 pages, *signé* VERMEIL, on s'est bien gardé de le rapporter. Voici comme il y est modifié, contourné, pag. 41 & 42.

Debruguieres *lui dit que sa mere venoit de promettre qu'elle signeroit volontiers que les 300000 liv. n'avoient pas été portées au Comte de Morangiés ; que s'il ne suivoit cet exemple il alloit rester seul impliqué dans cette affaire ; qu'il avoit une façon de s'en tirer qui étoit toute simple ; qu'il n'avoit qu'à dire qu'il n'avoit jamais entendu exiger sérieusement du Comte de Morangiés les 300000 liv. de Billets ; qu'il n'avoit feint de paroître le vouloir ainsi que pour l'inquiéter, afin de lui faire rendre sur le champ les 1200 liv. à lui pretées, & qu'il craignoit de ne pouvoir pas ravoir d'une autre maniere d'après le mauvais état de ses affaires.*

*Le sieur Dujonquai ne répondit pas. . . . .*

Il ne répondit pas ! Et pourquoi donc la Requête dit-elle *qu'il répondit ?* Pourquoi cite-t-elle trois de ses réponses ? Pourquoi rapporte-t-elle les propres termes dont on prétend qu'il se servit ? Pourquoi dans le Mémoire le sieur Debruguieres ne tient-il plus le propos affreux *qu'est-ce que cela fait ?* & tous ceux que la Requête lui prête ? qui croire ou du Mémoire ou de la Requête, signés tous deux des mêmes Parties ? Il faut qu'elles aient menti dans l'un ou dans l'autre ; & si elles en ont imposé sur les circonstances de cette scene, quelle foi méritent tous les autres détails dont elles la chargent ? Comment donneront-elles quelque probabilité à des violences dont elles-mêmes font des récits aussi contradictoires ?

4°. Mais ces violences, quelles sont-elles donc ? Ici suivons scrupuleusement les Verons. Que vouloit-on faire suivant eux ? Qu'a-t-on fait ? Il s'agissoit d'amener d'honnêtes gens, & des gens d'une condition médiocre à renoncer à une somme de cent mille écus, à se couvrir d'un opprobre ineffaçable, à s'avouer criminels de la plus lâche, de la plus basse escroquerie : il s'agissoit d'employer leur propres mains à leur arracher ce qu'il y a de plus précieux aux hommes, la fortune & l'honneur. Voilà le but. Quel est le moyen?

On lit dans la même Requête du 21 Février 1772 qu'arrivés chez Me le Chauve, ce Procureur, *d'un air & d'un ton sévere*, *dit : emmenez-moi ce jeune homme là bas, qu'on le sépare de sa mere*; qu'en conséquence *Dujonquai* est mené dans un autre appartement, où il reste long-tems SEUL, SANS ÊTRE GARDÉ; que le sieur Debruguieres vient enfin le trouver; que, sans lui parler, il le saisit au col & crie à deux hommes qui l'accompagnoient, d'une voix fulminante, *avez-vous des fers? qu'un deux répondit oui, & les fait retentir dans sa poche*; qu'alors le sieur Debruguieres s'écrie : *ah, gueux! ah, coquin! tu es perdu ainsi que toute ta famille. Nous allons vous traîner dans des cachots, j'y conduirai ta grand-mere par les cheveux ainsi que tes sœurs; ta maison va être investie. On va mettre les scellés chez toi. Ah, gueux! ah, coquin! tu es perdu, ta mere a tout avoué*; que Dujonquai lui ayant répondu : *si ma mere a tout avoué, elle n'a pu que dire la vérité, & qu'il diroit comme elle*; & que Debruguieres lui ayant demandé ce qu'il diroit, Dujonquai lui auroit répondu, *je dirai que pour mon malheur & celui de ma famille j'ai prêté toute notre fortune à un monstre qui voudroit aujourd'hui nous rendre ses victimes*, & qu'alors Debruguieres, devenu plus furieux, auroit porté à Dujonquai *un grand coup de poing au défaut de l'estomach qui lui auroit fait perdre la respiration & l'auroit renversé sur un coin de bureau* qui étoit dans l'étude; qu'il le bourra avec sa canne, l'en frappa plusieurs coups redoublés, & le quitta enfin répétant, *gueux, tu es perdu, tu seras pendu.*

Qu'après cette question préparatoire (car il n'est pas encore question de rien signer, & l'on ne voit pas quel objet avoient jusques-là le grand coup de poing & les bourrades), le sieur Debruguieres remonte auprès de la mere, &, sur ce qu'elle nie, lui dit : *je t'apprendrai à mentir, f.... coquine; & lui secoue le bras rudement, & le lui meurtrit*; que cette femme ayant, comme il étoit naturel, crié de toute sa force, le prétendu bourreau lui dit : *b..... si tu cries, je vais te faire avaler ma canne : Menaces réitérées plusieurs fois*, dit la Requête, *dans les différentes scenes de ce jour.*

Qu'ensuite le *sieur Debruguieres change absolument de ton ; sans abandonner sa premiere ruse ;* & c'est ici que la Requête place le dialogue curieux que l'on a rapporté ci-dessus, où est développée la proposition amiable faite à Dujonquai de signer qu'il est un coquin, & où, quand il répond que cela n'est pas vrai, le sieur Debruguieres lui réplique fiérement *qu'est-ce que cela fait ?* Que, sur le refus, *les bourrades & les coups de canne recommencent avec tant de fureur que les boutons du patient en sautent ;* que le Comte de Morangiés est appellé devant Dujonquai, qui le maltraite de paroles ; que le sieur Debruguieres interrompt la conversation *par un second coup de poing qui le renverse* pour cette fois plus doucement *sur un fauteuil ;* il faut varier les attitudes ; que Me le Chauve, impatient de jouer un rôle dans la torture, injurie Dujonquai *en le tutoyant, en jurant avec fureur, lui saisit les deux bas de sa veste, la déboutonne avec violence & s'écrie : comment f..... gueux, f..... coquin, tu prétens avoir prêté 300000 livres, & tu n'a pas de chemise !*

Qu'après ces horribles suplices soufferts *en présence de Me le Chauve*, porte la Requête, & sans doute du sieur Dupuis qui déclare *n'avoir quitté la maison que quelques instans*, le Procureur donne ordre de *conduire les patients au Châtelet au cachot ;* que dans la rue il y a une conversation tendre entre la mere & le fils, où la premiere s'écrie : *ah ! mon fils, j'ai promis de signer tout ce qu'ils voudront, vois si tu veux me sauver la vie. Qu'alors Debruguieres voyant Dujonquai ému par la situation & les plaintes de sa mere, voulut que la terreur achevât de le vaincre ;* qu'à cet effet il ordonne qu'on lui mette les menottes, *ramasse son chapeau qui étoit tombé, le lui replace sur la tête, en l'écrasant d'un* troisieme *coup de poing ;* que quoique celui-là ne fût pas de nature à renverser son homme, puisqu'il étoit donné perpendiculairement, Dujonquai n'en *tombe* pas moins *évanoui ;* qu'en cet état on l'emporte, malgré l'ordre prétendu de Me le Chauve, chez Me Chenon, où s'ouvre une scene de douceur & de résignation, comme on l'a vu.

Voilà le tableau que les Verons présentent pour émouvoir la compassion publique ; & malgré le ridicule qui y perce à chaque mot, ils ont réussi, parce que le peuple est toujours dupe des mots, & que bien des gens, qui ne s'en doutent pas, sont peuple quand il s'agit d'opinion. Pour peu qu'on veuille y réfléchir, il eſt cependant bien aiſé de ſentir l'abſurdité & la fauſſeté de ces peintures pathétiques.

D'abord, encore une fois, Mᵉ le Chauve, le ſieur Dupuis les déſavouent; leurs Clercs, leurs Commis n'en diſent pas un mot; le ſeul Hutinet parle, dit-on, d'un coup de poing & d'un mouvement de canne, mais Dujonquai eſt convenu à la confrontation qu'il avoit pratiqué ce témoin : on provera même qu'il lui a fait accepter de l'argent. D'ailleurs, ſon témoignage affirmatif peut-il prévaloir ſur la dénégation de tous les autres? Les Juges du Bailliage, ſi crédules d'ailleurs dans tout ce qui pouvoit être favorable aux Verons, ont ſi peu cru à ces violences ſuppoſées, qu'ils n'ont pas même impliqué dans l'accuſation Mᵉ le Chauve, qui en ſeroit le complice & même le véritable auteur ſi elles étoient réelles.

Enſuite, à quoi ſe réduiſent-elles? *A trois coups de poing*, à un *bruit de fers ſecoués dans la poche*, à des injures groſſieres, à une veſte déboutonnée, & à la menace burleſque de *faire avaler une canne* à la femme Romain; & c'eſt-là ce qui réſout des prêteurs ſur gages à abandonner une fortune de cent mille écus, à ſigner qu'ils ſont des eſcrocs, à ſe dévouer à la honte attachée à cet aveu, à l'indigence qui en étoit néceſſairement l'effet, à la condamnation qui pouvoit s'en ſuivre! Qui a jamais entendu parler d'une ſemblable foibleſſe? Ces gens-là tenoient donc bien peu à leur argent! L'homme du monde le plus riche & le plus prodigue, celui à qui il ſeroit le plus aiſé de réparer une perte de cent mille écus ne s'y détermineroit pas avec tant de facilité, quand on n'y joindroit aucune ignominie; & ici l'on veut qu'une famille du peuple, que des Bourgeois aſſez avides pour chercher à augmenter leur bien par la voie criminelle de l'uſure, aient, à la premiere menace, ſacrifié cent mille écus dont ils étoient en poſſeſſion! Que trois coups de poing & un mouvement de canne ſi l'on veut, aient forcé un jeune homme dans la vigueur de l'âge; que la ſeule idée d'être obligée d'avaler l'inſtrument du prétendu ſupplice de ſon fils ait contraint une femme expérimentée à convenir qu'ils ont formé le complot flétriſſant d'un larcin! en vérité, nous avons été bien dupes juſqu'ici de combattre cette fable par des raiſonnemens; pour la détruire, il ne falloit que la renouveller.

5°. Ce n'eſt pas ſur le théatre de ces horreurs ſi légeres, même d'après ceux qui prétendent en avoir été accablés; ce n'eſt pas dans le tems où l'influence s'en faiſoit encore ſentir que ſe donne la ſignature qui devoit en être le couronnement; c'eſt deux heures après, dans une maiſon tierce, en préſence d'un autre Officier, en l'abſence des prétendus bourreaux. Il eſt prouvé au procès que Dujonquai avoit commencé ſa déclaration quand le ſieur Dupuis rentra dans l'Etude du Commiſſaire où il la rédigeoit; il eſt prouvé qu'il avoit fait au ſieur Collin l'aveu qu'elle contient, avant que de le faire au ſieur Dupuis, comme on l'a vu ci-deſſus. Y a-t-il rien de plus déciſif & contre le ſyſtême des violences, & contre l'effet qu'on leur attribue?

6°. Le lendemain, le ſur-lendemain, les Verons, dépoſés au Fort-l'Evêque, n'avoient plus rien à craindre du ſieur Debruguieres & de ſa canne: ils étoient-là ſous la protection des Loix; leurs meurtriſſures étoient guéries, ou s'ils s'en ſentoient encore, c'étoit un avertiſſement de plus de révoquer des aveux qu'elles leur avoient arrachés; que font-ils? que diſent-ils? Envoient-ils chercher un Commiſſaire, des Notaires pour proteſter? Non, ils reſtent dans le ſilence. Mais nous avons voulu, diſent-ils, rendre plainte chez le Commiſſaire Thierry, il nous a rebutés, en diſant qu'*il ne travailloit point pour des eſcrocs.* Mais Me Thierry n'étoit pas le ſeul Commiſſaire de Paris. Le 3 Octobre, Me Chenu ſon Confrere a bien reçu la plainte de votre aïeule: auroit-il rebuté la vôtre le premier de ce mois? Pourquoi céder tout d'un coup au refus de Me Thierry? Pourquoi ne pas eſſayer au moins une fois de trouver un Officier plus complaiſant? Et d'ailleurs le refus de ce Commiſſaire qui avoit votre confiance, qui avoit été chargé par vous de la revendication frauduleuſe que vous prétendiez faire le 30, n'annonce-t-il pas quelle idée avoient alors tous les honnêtes gens de vos prétentions?

7°. Mais eſt-il même vrai que vous ſoyez reſtés dans le ſilence le lendemain, le ſur-lendemain? Il s'en faut bien: non-ſeulement vous ne vous êtes pas contentés de ne point agir contre vos déclarations: mais vous les avez confirmées, & par des démarches ſeules capables de leur donner une validité inébranlable. Vous n'aviez point remis les billets, c'étoit-là la cauſe de votre détention. Tremblans

Tremblans que le délai de cette remise ne vous exposât à une instruction plus rigoureuse & à un châtiment trop mérité, vous avez écrit dans la matinée du lendemain au sieur Laville, dépositaire de ces effets, deux lettres pressantes pour les retirer de ses mains ; s'il les avoit rendus, ne les auriez-vous pas restitués au Comte de Morangiés sur le champ? Et soutiendrez-vous que cette restitution auroit encore été le fruit de la crainte que vous inspiroit la terrible canne du sieur Debruguieres ?

Dans un nouvel écrit qui paroît en votre nom, intitulé: *Preuves résultantes du Procès*, vous essayez d'éluder l'impression qui résulte de ces terribles aveux ; voici comme vous parlez, page

*Mais, ajoute-t-on encore de la part du Comte de Morangiés, si les déclarations n'avoient pas été volontaires, Dujonquai auroit-il écrit dès le lendemain à Me de Laville son Avocat pour lui demander ses billets, afin de les remettre au sieur Dupuis ?*

*Il s'en faut de beaucoup que cette lettre très-laconique emporte avec elle l'approbation des déclarations signées la veille.*

Que dites-vous donc? *Que cette lettre très-laconique*... eh quoi! vous voulez insinuer qu'il n'y en a qu'une? Mais vous oubliez donc qu'il y en a trois, deux du premier Octobre & une du 2? Il faut encore les remettre sous les yeux des Juges.

Mon cieur

La malheureuse afaire ou je suis plongé ma reduit ainsi que ma chere mere ez prison du Forlevesque, nous fumes arrêté yere par ordre du Roy si vous voulé nous secondé pour nous en tirer, il faut que vous ayés la bonté de remettre au porteure les effets que je vous ait confié, lesquelles dits effets jay promire a M. Dupuy de lui faire pacer au plus tard a dix heures du matin, daprés la parolle que jay donné je vous cerai obligé de me mettre a meme de la mettre a execution comme aussi je vous prie mon cieur *de cecer toute poursuitte* & aussitot que nous aurons notre liberté nous aurons lhonneur de vous marquer notre reconnoissance au sujet de tous les soins que vous ete donné

Jay lhonneur detre
Moncieur
Votre tres humble & tres obeissant cerviteur (1)
Signé, DUJONQUAY.

Ma chere mere a lhonneur de vous assurer de ses respects.

*Du Forlevesque ce 1 Octobre 1771*

(1) Dans un de ces petits Libelles tant multipliés dans la Cause pour gagner quelqu'argent sur leur petit débit, on ose accuser le Comte de Morangiés d'alté-

Monsieur

Je vous prie de m'obliger de suivre de point en point la lettre que j'ay eut lhonneur de vous ecrire. Si vous pouvié etre porteuze vous-même de la réponse, vous m'obligeriez ainsi que ma chere mere qui se joint à moi. J'ai l'honneur d'être,

Monsieur, Votre Cerviteur, DUJONQUAY.

Monsieur,

Je vous prie de remettre à maman les quatre billets que M. le Comte de Morangiés a souscrit au nom de madite maman . . . .

J'ay l'honneur d'être,

Monsieur, Votre tres humble & tres obeissant Cerviteur, DUJONQUAY, petit-fils de la porteuse de la présente.

*Du Fort-l'Evêque ce 2 Octobre 1771.*

Voilà donc ce qu'il vous plaît d'appeller *une lettre très-laconique*. La brieveté ici est très-indifférente au fond ; ce qui est essentiel c'est votre silence absolu sur les prétendues barbaries, & l'empressement que vous marquez de rendre les effets au sieur Dupuis, que vous accusez aujourd'hui d'en avoir été le complice.

Mais nous les lui aurions remis sous son récépissé. Et quel étoit votre motif ? Si vous aviez réellement eu envie de vous pourvoir contre les actes de la veille, loin de les lui confier, ne deviez-vous pas au contraire les lui cacher avec plus de soin que jamais ? Vous ne vous attendiez certainement pas alors aux supports que vous avez trouvés depuis. Si les violences du 30 avoient été réelles quand vous n'aviez pas les billets, & pour vous en arracher un simple désaveu, qu'auroit-ce été quand on vous en auroit su les originaux en votre possession ? Ne deviez-vous pas craindre qu'on vous tirât du Fort-l'Evêque, qu'on vous conduisît une seconde fois chez Me le Chauve, & là qu'on mît

rer l'ortographe de ces écrits grossiers pour rendre Dujonquay ridicule. Il est bon d'observer que deux ont été copiés sur l'imprimé qu'a publié Me. Laville. Le troisieme sur une copie prise d'après l'original avant qu'il eût été déposé ; & le style, ainsi que les fautes dont est remplie la lettre de Dujonquay du 26 au Comte, prouvent assez que pour rendre les missives du premier ridicules, on n'a pas besoin de les défigurer.

bien d'autres ressources en œuvre pour terminer tout d'un coup une bonne fois cette affaire en détruisant les titres ? Enfin si vous aviez eu alors la moindre idée d'une réclamation, votre premier avis au sieur Laville devoit être de garder scrupuleusement les billets ; & point du tout, ce sont les plus vives instances pour les rendre.

9°. Et ce fait-ci est bien essentiel : un de vos plus forts argumens contre les déclarations du 30 Septembre, c'est une espece de contradiction qui s'y trouve suivant vous. Elles portent que les billets sont annexés à une autre déclaration faite le 28 par la veuve Veron chez le Commissaire Thierry ; & ils n'y étoient pas annexés, ils étoient dans les mains de M^e^ Laville alors votre Avocat ; d'où, concluez-vous, résulte la preuve que ce n'est pas vous qui avez rédigé l'aveu où est consignée une fausseté aussi grossiere.

Mais on a déjà répondu à cette illusion que vous tâchez de faire aux Juges & au Public. Non, les billets n'étoient point annexés à cette déclaration du 28, mais ils devoient l'être, & vous croyiez qu'ils l'étoient. Par une singularité fort étonnante, le Commissaire, à qui ils avoient été représentés ce jour-là, s'étoit borné à les parapher ; cela est prouvé par le dépôt qu'il en a fait au Greffe du Châtelet le 9 Novembre ; il les avoit laissés contre la regle dans les mains de M^e^ Laville. Or vous n'aviez pas vu M^e^ Laville depuis cette époque ; & comme c'est lui qui avoit fait rédiger la déclaration de votre grand'mere, comme il n'avoit reçu les billets que pour s'en dessaisir & les y joindre, comme vous n'aviez pas été présens à la rédaction de la piece à laquelle ils n'avoient pas été joints par une irrégularité que le sieur Laville s'est empressé de réparer, vous ignoriez que cette irrégularité eût été commise, & le 30 vous avez parlé en conséquence de ce qui avoit dû se faire, & non pas de ce qui s'étoit fait.

On ne sauroit douter que le défaut de jonction des billets à la déclaration du 28 ne fût une infraction aux regles ; cela est évident & clair par soi-même ; mais ce qui le prouve encore, c'est la démarche du Commissaire Thierry le premier Octobre. Il refuse de recevoir vos protestations, dites-vous, ce jour-là ; il vous repousse en vous qualifiant du nom d'*escrocs* ; & cependant le même jour il se rend dépositaire des effets sur lesquels est fondée la réclamation que vous vouliez faire devant lui. S'il n'avoit pas senti que ce dépôt devoit être fait antérieurement, l'auroit-il reçu alors ? S'il n'avoit pas vu qu'il avoit manqué en se piquant de tant de condescendance le 28 Septembre, en laissant incomplet l'acte alors rédigé par lui, l'auroit-il laissé perfectionner le premier Octobre, le jour où il vous traitoit d'une maniere si rude & si déshonorante ?

10° Non-seulement vous écrivez pour avoir vos billets & les rendre au sieur Dupuis, à qui vous avez donné parole de les *faire passer au plus tard à dix heures du matin*, mais ce jour là même vous voyez le Sr Debruguieres ; vous parlez avec lui de sang-froid ; vous souffrez qu'il soit auprès de vous l'introducteur de votre aïeule, & votre négociateur auprès du Magistrat ; vous consentez qu'il vous conseille, qu'il vous dirige, qu'il vous protege ; & tandis qu'il est prouvé, constant, avoué que ce jour-là votre grand'mere n'a fait de démarches que d'après lui, par lui, avec lui, vous osez articuler dans votre même Requête du 21 Févr. 1772, où est consigné ce roman de violence qu'il n'a fallu que réveiller pour le détruire, qu'il lui a dit, en l'appercevant chez le Magistrat : *que venez-vous faire ici ? Le Lieutenant de Police n'a pas besoin d'une vieille gueuse comme toi.* Que sur ce qu'elle répond qu'*elle vient demander justice*, il lui réplique en l'appellant *vilaine gueuse, vilaine coquine, vieille tête de mort*, & lui dit : *viens au Fort-l'Evêque, tu y verras ta fille qui a avoué que les 300000 livres n'ont point été fournies.*

C'est d'après ces douces paroles qu'elle le suit, qu'elle le choisit pour guide, pour confident, qu'elle en fait son oracle ! Vous ne sauriez faire un pas sans qu'il vous échappe une absurdité.

11°. Que les Juges supérieurs daignent jetter les yeux sur les minutes de ces déclarations que le Commissaire Chenon a représentées au Lieutenant Général du Bailliage, & ils verront s'il est possible d'y soupçonner la moindre fraude dans la rédaction, l'ombre d'une violence dans la signature ; il y a à celle de la mere un renvoi qui n'est assurément pas bien intéressant, ce sont ces mots : *avant veuve Liegard Dujonquai ;* ce renvoi étoit d'autant plus superflu que sa qualité & son nom de veuve se trouvent tout au long six lignes plus bas. Quel auroit été le motif des rédacteurs pour faire une semblable addition ? Ce renvoi est paraphé par la femme Romain ; elle a signé, non pas une fois, la déclaration s'étend jusqu'au *verso*, de même que celle de son fils, & chacun ont signé tout au long au bas de la page du *recto* & au *verso ;* & ce n'est pas seulement leur nom de famille qu'ils y ont apposé, ce sont les lettres initiales de leur nom de baptême ; les signatures de la mere portent F. G. Gaillard, femme Romain ; & celles du fils portent, F. Liegard Dujonquai, avec un paraphe à chacune.

Cette observation n'est pas indifférente à beaucoup près. S'ils n'avoient signé, comme ils le disent, que pour se soustraire aux tortures, si leur complaisance en cette occasion n'avoit été produite que par le desir de se tirer promptement des mains de leur bourreau, auroient-ils reculé leur délivrance par ce surplus matériel d'écriture qu'on ne leur demandoit pas ? Aucun de ceux qui ont participé, suivant eux, à la question qu'ils ont soufferte ne savoit qu'ils employassent cette formule ; ils auroient donc pu la supprimer sans qu'on s'en apperçût ; & sans doute ils l'auroient fait si le moment où ils l'ont employée avoit été pour eux, comme ils l'affirment, un moment de trouble, d'horreur & d'épuisement.

Mais, diront-ils, c'étoit notre habitude, nous avions l'usage de signer ainsi. Cela n'est pas vrai encore ; il est prouvé par leurs lettres que dans l'usage habituel ils signoient simplement leurs noms ; au bas de ses lettres, le fils de la femme Romain n'est que le *Cerviteur Dujonquai*, comme on l'a vu au bas de celles qu'il a écrites au sieur Laville. Il en est de même de sa mere. Ce n'est que dans les actes juridiques qu'ils font, l'un F. Liegard Dujonquai, l'autre F. G. Gaillard, femme Romain. Ils savoient donc bien qu'ils faisoient un acte juridique chez Me Chenon ; ils avoient donc intention de le rendre valide autant qu'il dépendoit d'eux ; ils n'avoient donc alors aucune envie de le révoquer.

Enfin la tranquillité avec laquelle ils ont écrit, la fermeté de leur main en écrivant, la netteté du corps de leur écriture feroient seules une démonstration de la liberté avec laquelle ils agissoient. Nous avons déjà observé qu'à la confrontation, le Commissaire ayant fait cette remarque à la femme Romain, elle n'y a répondu qu'en disant que cela n'étoit pas étonnant.

parce que pendant les deux heures qu'ils avoient été obligés de l'attendre chez lui, ils avoient eu le tems de reprendre leurs esprits. Cet aveu est infiniment précieux ; il prouve que pendant tout le tems qu'ils ont passé chez le Commissaire ils ont joui du plus grand repos ; qu'ils avoient au moment de la rédaction des actes la plénitude de leurs facultés ; qu'ils n'étoient ni intimidés ni bourrelés ; qu'ils ont voulu dire la vérité, & qu'ils l'ont dite.

Que l'on daigne combiner toutes ces circonstances avec impartialité, & qu'on voie si elles sont compatibles avec la moindre idée de contrainte.

Que l'on y ajoute la probité connue, avouée même par les Verons, des Officiers accusés d'avoir été les complices de cette manœuvre ; que l'on pense combien il est peu probable, ou plutôt impossible, que le Comte de Morangiés ait en un instant séduit, corrompu trois hommes pourvus de Charges toutes différentes, toutes de confiance dans leur genre, tous trois regardés après trente ans d'exercice comme des modeles d'intégrité dans leur profession ; que l'on songe qu'un seul resté honnête faisoit évanouir le complot ; qu'il falloit que M^e le Chauve eût vendu son secours, le sieur Dupuis sa neutralité, & M^e Chenon sa complaisance ; qu'il falloit que le marché eût été proposé, discuté, conclu en un moment ; que d'après cette négociation précipitée, ces Officiers devenus les plus infames des hommes, en auroient été les plus imprudens ; que la remise des billets étant leur but unique & l'objet auquel ils avoient sacrifié leurs consciences & leur honneur, ils ne devoient pas abandonner un instant les Verons que cette remise ne fût consommée ; qu'au lieu de cela, M^e le Chauve, M^e Chenon, & le sieur Dupuis n'ont plus fait aucune espece de mouvement dès l'instant où les escrocs dévoilés ont été déposés au Fort-l'Evêque, où ils ont joui de toute la liberté qu'on peut avoir dans une prison ; que si le sieur Debruguieres a continué de faire quelques démarches, ce n'a été que par condescendance pour la veuve Veron & ses filles, qui le lendemain, le sur-lendemain jusqu'au jour ou d'autres vues ont fait éclorre un autre complot, le regardoient encore comme leur médiateur & leur sauveur ; que l'on daigne faire ces réflexions, & l'on s'étonnera sans doute qu'il ait été possible de balancer une minute sur cette étrange affaire ; on ne concevra pas que le roman des violences ait pu faire tant d'impreſſion, & précipiter le comte de Morangiés & les Officiers de Police dans l'abîme d'humiliation où le Bailliage du Palais les a plongés.

## §. III.

*Que les déclarations ſont juridiques.*

Il y a des gens & d'honnêtes gens qui conviennent que le ſyſtême des violences eſt ridicule, mais ils ſe tourmentent l'eſprit pour en ſubſtituer un autre qui ſoit favorable aux Verons. Ils avouent que les anecdotes de la Requête & du Mémoire à ce ſujet ſont abſurdes, mais ils ne peuvent abandonner l'idée de la contrainte ; ils reconnoiſſent qu'il eſt impoſſible d'anéantir ces déclarations par un Jugement, mais ils ajoutent qu'on n'en a pas beſoin, qu'elles ſont nulles d'elles-mêmes, qu'elles ont été faites dans une ſorte de captivité, en préſence des Officiers de Police, par des gens qui n'étoient pas libres ; ce qui ſuffit, ſuivant eux, pour empêcher qu'on ne puiſſe les admettre au nombre des pieces juridiques, & diſpenſe les Juges d'y avoir égard.

Telle eſt la fatalité qui pourſuit le Comte de Morangiés, que pour le perdre, on établit, même ſans mauvaiſe volonté, des principes nouveaux. Par un excès de ſcrupule, on ſe porte, d'une part, à lui ôter les reſſources que l'équité lui donne, & de l'autre, à conſacrer une injuſtice que tout démontre. Détruiſons donc encore ce ſyſtême qui ne part point de la corruption du cœur, mais d'une mépriſe de l'eſprit.

Les Verons n'étoient pas libres ! Qu'entendez-vous par-là ? Qu'ils n'avoient pas la faculté de s'enfuir ; qu'ils ne pouvoient pas battre impunément le Commiſſaire ; qu'on les auroit empêché d'inſulter le Comte de Morangiés : cela eſt vrai. Mais quant à l'uſage de leur langue, quant à la puiſſance de modifier les ſons qui ſortoient de leur bouche, la leur avoit-on ôtée ? Non, vous en convenez ; on n'avoit arraché d'eux aucune promeſſe qui les liât à parler de telle ou telle façon. Quand en effet le ſieur Debruguieres auroit réuſſi à leur faire contracter cet étrange engagement, à la vue du ſieur Dupuis qui le leur rappelloit *avec beaucoup de douceur*, & du Commiſſaire qui n'en ſavoit rien du tout, leur courage & leur liberté devoient renaître ; on les écoutoit, on écrivoit tout ce qu'ils disoient, on n'écrivoit que ce qu'ils disoient; ils étoient donc libres.

Mais ils n'avoient pas été chez le Commissaire de leur plein gré, on les y avoit conduits sans les consulter. Et quel est le criminel qui va volontairement se présenter à son Juge? Quel est le filou qui se livre de son propre mouvement à la Justice? Un Accusé que l'on mene au lieu où il doit subir interrogatoire n'est donc pas libre non plus; il l'est si peu que s'il tentoit de s'échapper on emploieroit légitimement la violence pour le retenir; & cependant sa dépendance n'affoiblit point la foi due à à ses réponses dans ce moment où l'idée de la plus dure captivité peut lui troubler l'esprit.

Il y a plus, la Maréchaussée, le Guet traînent tous les jours devant les Officiers préposés (1) des hommes simplement soupçonnés; c'est sur leurs réponses qu'on les relâche ou qu'on les resserre provisoirement. On verbalise de ces sortes d'interrogatoires qui deviennent dans la suite la base d'une procédure plus étendue. On verbalise même de ce que les objets de cette violence légale & indispensable ont pu dire dans leur premiere surprise aux Archers, aux Soldats qui les ont arrêtés. On tient compte de tout, on constate tout par écrit. S'est-on jamais avisé de vouloir rejetter ces pieces de l'instruction, sous prétexte que ceux qui y ont comparu n'étoient pas libres quand elles ont été rédigées?

La maison d'un Commissaire est-elle plus le séjour de l'effroi & de l'oppression que ce qu'on appelle l'entre-deux des guichets dans les prisons? Les actes que les prisonniers passent dans ce lieu qui ne leur offre assurément pas même l'apparence de la liberté, en sont-ils moins valables?

Mais la Maréchaussée, le Guet, les Officiers devant qui ces gardiens du repos public traduisent en premiere Instance tous ceux qui sont soupçonnés de le troubler, sont des Ministres avoués par la Justice. Tous ont droit d'arrêter un malfaiteur, ou de verbaliser des aveux qui lui échappent; & qu'étoient donc ceux qui ont arrêté les Verons? Qu'étoit celui devant qui ils ont fait leurs déclarations? Les uns sont des Inspecteurs de Police chargés d'ordres du Roi; les Verons n'essaient pas de rendre ce fait problé-

(1) Et à Paris, ces Officiers sont toujours les Commissaires.

matique.

matique. L'autre eſt un Commiſſaire à qui on ne conteſte ſans doute ni ſa Charge, ni le droit de l'exercer, ni celui par conſéquent de faire des informations, de recevoir des plaintes, des dépoſitions, & tout ce qui tient à cette procédure.

Les ordres du Roi ne valent-ils pas au moins le cri public? Un Officier du Guet qui arrêteroit un inconnu ſur la clameur univerſelle qui le déſigne ſeroit-il repréhenſible? Non. Un Inſpecteur de Police qui arrête deux prêteurs ſur gages, ſur un ordre précis qui les nomme, excede-t-il ſa miſſion? Le Commiſſaire qui interroge le premier, qui l'examine, qui écrit ſes réponſes eſt-il un prévaricateur? Non. Le Commiſſaire qui écoute les ſeconds, qui reçoit leurs aveux, qui les conſigne dans un verbal authentique, eſt-il plus criminel?

Mais les fers, les menottes, dont il eſt prouvé que les mains de Dujonquai ont été chargés, n'eſt-ce pas là une violence ſuſpecte? Pas plus que le reſte. Approfondiſſons-en donc l'objet. Ce n'eſt ni chez le Procureur, ni chez le Commiſſaire qu'on emploie cette reſſource; c'eſt dans le trajet d'une maiſon à l'autre: on ne lie les mains à Dujonquai qu'en ſortant de la premiere; on les lui ôte en entrant dans la ſeconde: cela eſt prouvé au procès. On a donc eu des raiſons qui ne regardoient que la ſûreté du tranſport; & ces raiſons ſont que Dujonquai avoit voulu s'enfuir, qu'il avoit uſé lui-même de violence. Le ſieur Debruguiere, pour s'en aſſurer, crut devoir mettre en uſage ce moyen que la néceſſité force la Juſtice de tolérer tous les jours dans des cas pareils. Qu'on écarte les acceſſoires inventés pour rendre ce fait odieux; qu'on n'examine que la choſe & les perſonnes; qu'on ne voie qu'un prêteur ſur gages convaincu d'une eſcroquerie, qui veut éluder un éclairciſſement chez le Commiſſaire, & qu'on met dans l'impoſſibilité de s'y ſouſtraire, en lui ôtant la faculté de s'enfuir; & qu'on diſe comment ces fers ont pu influer ſur les déclarations, ou ſur la liberté néceſſaire pour les rendre valides.

Tout cela eſt vrai, dit-on: au fond il eſt clair que les déclarations ſont bonnes; mais la forme y a été violée. Si on veut les regarder comme des pieces juridiques, comme des interrogatoires, elles devoient être ſecretes; or elles ont été dreſſées en préſence des Officiers de la Police; c'eſt une irrégularité qui les annulle. Il eſt bien étrange que ce ſoit pour protéger des uſuriers convaincus de la plus criminelle escroquerie, que l'on abuse ainsi du raisonnement.

D'abord qu'on songe donc à la situation des choses & à l'état des personnes : c'étoient des prêteurs sur gages encore une fois. Voilà pourquoi le sieur Dupuis, chargé de ce département à la Police, l'avoit été de cette affaire. Le Commissaire Chenon a le même ressort dans ce qui concerne ses fonctions : voilà pourquoi on les avoit conduits chez lui. Or niera-t-on que les Inspecteurs de Police n'aient une jurisdiction sur des prêteurs sur gages ? Ne sont-ce pas des Officiers en titre, pourvus d'une Charge qu'ils exercent sous les yeux & avec le concours du Magistrat qui administre la Police ?

Non-seulement ils pouvoient assister aux déclarations, mais ils le devoient ; il falloit qu'ils en rendissent compte au chef à qui se rapportoit leur mission. Les instructions qu'ils en avoient reçues leur enjoignoient de ne constituer les Verons prisonniers que dans le cas où ils n'éclairciroient point l'origine de leur opulence. Pour remplir ces ordres, il falloit que les Officiers sussent ce que les Parties alloient dire ; ces aveux ou ces affirmations leur devoient servir de guide ou de décharge. Il falloit donc qu'ils fussent instruits de ce qui y étoit contenu.

D'ailleurs ce n'étoient pas des interrogatoires. D'après l'effusion de cœur de Dujonquai, quand le sieur Dupuis lui avoit parlé *avec beaucoup de douceur*, il étoit évident qu'il ne s'agissoit de sa part que d'un hommage à la vérité : ce n'étoit plus une piece secrete. Le sieur Dupuis, informé par lui-même de ses dispositions intérieures, pouvoit bien l'être de la maniere dont il les manifestoit. Il avoit reçu le premier aveu ; pourquoi se seroit-il éloigné à la rédaction de l'acte qui le confirmoit ?

Il y a plus, étoit-ce à lui à se dessaisir de la personne d'un coupable qui lui étoit confié, & qui, en s'accusant lui-même, nécessitoit une vigilance plus sévere ? Si sa présence importunoit Dujonquai, n'étoit-il pas le maître d'en faire l'observation ? Il se dit *Docteur ès Loix*. Pouvoit-il ignorer que les nôtres autorisent un prisonnier à faire, quand on l'interroge, les requisitions qui lui conviennent ? S'il en avoit fait une pour obliger les Officiers de la Police à s'éloigner, & que ceux-ci l'eussent refusé, il ne seroit pas encore certain que l'acte rédigé sous leurs yeux fût nul. Il faudroit décider qu'ils n'avoient pas droit d'y aſſiſter ; mais comment peut-on trouver un moyen de nullité dans une aſſiſtance contre laquelle les accuſés eux-mêmes n'ont jamais réclamé ? Il n'y a de nullités que celles que la Loi prononce. Or où eſt la Loi qui défend à des Inſpecteurs de Police d'être préſens aux déclarations que font chez les Commiſſaires les prêteurs ſur gages qu'ils ont ordre d'y conduire?

Les déclarations du 30 Septembre ſont donc inattaquables dans tous les ſens. Les Officiers de la Police avoient droit d'inſpection ſur ceux qui les ont faites ; elles ſont volontaires; aucune forme n'y a été violée, & le fonds en eſt à l'abri de toute eſpece d'atteinte.

Mais on ne nous les a pas lues, diſent les Verons. Nous les avons ſignées ſans ſavoir ce qui y étoit. Inſcrivez-vous donc en faux. Attaquez donc, ſi vous l'oſez, le Commiſſaire qui a commis une ſi horrible prévarication. Détruiſez donc ſa dépoſition, celle de ſon Clerc & celle du ſieur Dupuis qui atteſtent qu'elles vous ont été lues tout au long. Juſques-là la foi leur eſt due, & il eſt impoſſible aux Juges de s'en écarter ſans violer toutes les regles qui aſſurent le repos des hommes dans la Société.

Mais elles ſont de nous; & les billets à la deſtruction deſquels vous prétendez les faire ſervir ſont au profit de notre aïeule ; elles ſont pour elle une choſe étrangere, *res inter alios acta.* Si cette miſérable chicane n'avoit pas été imprimée tout au long, croiroit-on qu'elle a pu jamais être haſardée ?

D'abord n'eſt-ce pas vous & vous ſeuls aujourd'hui qui plaidez contre vos déclarations & pour les billets? N'êtes-vous pas poſſeſſeurs des deniers ? Ne confondez-vous pas en vos perſonnes les droits de votre grand'mere? Et ſi la puérile diſtinction que vous eſſayez d'établir a pu être admiſe pendant ſa vie, n'eſt-elle pas abſolument détruite par ſa mort?

Mais enſuite eſt-ce elle qui prétend avoir porté ſon or au Comte de Morangiés? Eſt-ce elle qui dit avoir négocié avec lui? Non. Elle a toujours ſoutenu & vous auſſi qu'elle n'avoit vu le Comte de Morangiés que quand tout avoit été conſommé. Eſt-ce donc d'elle qu'on pouvoit attendre des renſeignemens ſur la tradition effective des cent mille écus ? Tout ce qu'elle auroit pu dire, c'eſt qu'elle vous les avoit confiés; mais ce n'étoit pas là ce qu'il s'agiſſoit d'éclaircir. Il étoit queſtion de ſavoir s'ils avoient été délivrés au Comte de Morangiés, s'ils étoient la valeur réellement fournie des billets; or vous ſeul étiez en état de faire connoître la vérité à cet égard. Vos déclarations ſont donç déciſives préciſément parce qu'elles ſont émanées de vous.

Celle de votre grand'mere laiſſeroit de l'incertitude. Il reſteroit encore à éclaircir ſi ce tréſor qu'elle diroit vous avoir remis, a été employé par vous ſuivant ſa deſtination; au lieu que quand vous avouez qu'il ne l'a pas été, tout eſt dit au moins pour le Comte de Morangiés; il eſt abſous, & le ſecret de ſes billets dévoilé.

La querelle reſte entre la veuve Veron & vous : ſi elle vous a remis de l'or, qu'en avez-vous fait? L'avez-vous partagé avec l'uſuriere Tourtera qui vous protege, avec Aubourg qui vous aſſiſte, avec Aubriot, Senneville, Gilbert & toutes les connoiſſances reſpectables qui *témoignent* pour vous. Peu importe. Le fait eſſentiel c'eſt qu'il n'a pas été remis au Comte de Morangiés; c'eſt qu'il a fait ſes billets dans l'eſpérance de le toucher, & que vous avez prétendu vous approprier ces billets ſans le fournir. Voilà ce que vos déclarations conſtatent, & ce que la poſſeſſion des billets même, ainſi que tout le reſte de votre fable, confirme.

## §. IV.

*Que la foi eſt due aux déclarations bien plus qu'aux billets.*

L'idée des violences une fois écartée, le principe une fois bien établi que les déclarations ſont régulieres dans la forme, y a-t-il quelque comparaiſon à faire entre elles & les billets? C'eſt un grand préjugé ſans doute qu'un billet en faveur de celui qui le repréſente; mais ce n'eſt pas toujours une preuve; en lui-même c'eſt un titre muet, & qui ne décide rien. Il y a mille manieres par leſquelles il a pu parvenir dans des mains qui n'y ont aucun droit. Il a pu être volé, oublié, perdu. Quand le poſſeſſeur actuel même ſeroit celui au nom de qui il eſt fait, cela n'eſt pas encore déciſif, puiſqu'enfin, comme on le ſoutient ici, ce propriétaire peut être un agent infidelle qui ſe l'approprie en violant la condition dont la remiſe du billet eſt le fruit.

Il faut convenir que tous ces cas ſont poſſibles. Dans aucun l'effet ne change à l'extérieur. Que la ſomme qu'il ſtipule ait été payée ou non, il reste toujours le même. Il ne sauroit apprendre dans quel esprit il a été signé & délivré. C'est donc avec raison que nous avançons que c'est un titre douteux.

Il n'en est pas ainsi d'une déclaration juridique par laquelle le porteur du billet atteste qu'il n'en a pas *fourni la valeur*. On ne peut pas supposer-là d'intention secrete, ni de négociation convenue. Un pareil aveu est nécessairement le fruit de la crainte ou de la vérité. Or il est démontré ici que ce n'est pas la crainte qui a pu le dicter aux Verons. Reste donc que ce soit un hommage rendu par eux à la vérité.

Si maintenant on considere les circonstances qui accompagnent les deux systêmes; si l'on réfléchit à l'impossibilité de l'un & à la vraisemblance de l'autre, on sera encore plus étonné d'avoir pu balancer un instant. Pour que l'énoncé des déclarations soit faux & celui des billets vrai, il faut qu'un ancien Commissaire universellement respecté, un Procureur distingué par ses lumieres & trente ans de probité, un Inspecteur de Police vieilli avec honneur dans le plus délicat des emplois, & qui n'a jamais essuyé l'ombre d'un soupçon, se soient tout d'un coup laissés pervertir; qu'ils aient vendu leur conscience sans hésiter à un homme qu'ils n'avoient jamais vu; qu'ils n'aient réfléchi ni sur les suites de leur prévarication ni sur les moyens d'en assurer la réussite; & que le plus honteux, le plus abominable des marchés ait été conclu en une minute par des Officiers qui avoient passé toute leur vie à punir les complots de ce genre. Cela est-il croyable? Cela est-il possible?

Au contraire, pour que l'énoncé des déclarations soit vrai & celui des billets faux, il n'est besoin que d'une chose bien naturelle, que des prêteurs sur gages aient cédé à la tentation de s'enrichir en un instant par la plus facile de toutes les friponneries. Nous l'avons déjà observé. Le Comte de Morangiés en se décidant à réclamer contre ses billets, devoit s'attendre à avoir tout contre lui. Les Officiers qui ont cherché, dit-on, à favoriser sa réclamation devoient faire des réflexions encore plus inquiétantes; & ces réflexions devoient agir plus fortement sur eux qui n'auroient jamais eu le même intérêt à les étouffer, quelle que fût la part qu'il leur eût faite du butin; mais les Verons, quels dangers, quels obstacles, quels embarras pouvoient-ils prévoir?

S'ils parviennent à se faire payer, leur fortune est faite, ils jouissent le reste de leurs jours d'un sort heureux. S'ils échouent, combien peu leur sort changera-t-il ? Avilis déjà par leur maniere d'exister, le seront-ils davantage par l'effort qu'ils auront hasardé pour l'améliorer ? Aux yeux de qui auront-ils à rougir ? Quelles sont leurs connoissances, leurs amis ? Est-ce l'usuriere Tourtera, encore flétrie du séjour de l'Hôpital, & ses pareils, qui leur reprocheront une friponnerie malheureuse ?

Voilà quelle étoit la situation respective des Parties à la fin de Septembre 1771. Qu'on pese leurs intérêts mutuels ; qu'on le combine avec les absurdités dont fourmille le Roman des Verons sur leur fortune, sur les violences qu'ils ont essuyées, & qu'on décide aux titres de qui la créance est due, en faveur de qui sont les probabilités ?

## SECONDE PARTIE.

### *Des Billets.*

### §. I.

*Que des billets peuvent être anéantis.*

Les déclarations du 30 Septembre sont la contre-lettre des billets souscrits le 24 ; cela est évident. Mais quand il n'y auroit point de déclarations, les billets en seroient - ils plus valables ? Est-il vrai, comme quelques gens le soutiennent par un excès d'imprudence ou d'aveuglement, que des effets en papier ne puissent jamais être anéantis ; & que la preuve testimoniale ne puisse pas être employée contre la stipulation qui y est contenue ?

L'Arrêt du 11 Avril est une premiere réponse qui suffiroit seule contre cette inconcevable erreur. Il a admis la preuve testimoniale ; il a ordonné une procédure extraordinaire pour vérifier le contenu des billets. Il a donc jugé que ces billets par eux-mêmes n'étoient pas des titres suffisans, & qu'ils pouvoient être confirmés ou anéantis ; que leur validité dépendoit de la preuve favorable ou contraire qui résulteroit de l'instruction. Sans cela rien ne seroit plus absurde que tout l'appareil de cette procédure. Si l'on vouloit aujourd'hui juger sur les billets seuls ; l'Arrêt du 11 Avril seroit une injustice & une dérision : une injustice en ce qu'il auroit privé les Parties de leur bien pendant plus d'un an : une dérision parce qu'il auroit prodigué sans objet les formes les plus redoutables de la Justice.

Dans le fait, le sort des billets dépend donc d'une preuve postérieure ; mais dans le droit l'Arrêt du 11 Avril a-t-il mal jugé ?

Non sans doute ; un débiteur qui, après avoir souscrit des obligations, se borne à incidenter, à nier légérement le fait, à déclamer contre son créancier, doit être déclaré non-recevable. Le titre est contre lui, il faudra qu'il paie ; mais s'il articule un délit, s'il offre de prouver que c'est par un crime qu'on a acquis ce titre, s'il rend plainte, la Justice lui imposera-t-elle silence ? Sera-t-elle sourde à ses prieres ? N'aura-t-elle des oreilles que pour exaucer les coupables, & des mains que pour les favoriser ? Qui oseroit le dire ? Un vol en papier n'est pas moins punissable à ses yeux qu'un vol en argent ; & jamais elle n'a entendu refuser son secours à quiconque lui en dénonceroit un du premier genre.

Ce que la raison dit ici la Jurisprudence le consacre. Par la voie civile un billet est inattaquable ; mais par la voie criminelle il peut être attaqué & anéanti : c'est ce qui arrive tous les jours. Nous avons déjà cité l'année derniere des Arrêts précis sur cette matiere. Le 21 Août 1762, des billets faits par un Fermier-Général, majeur, & portant *valeur reçue comptant* au profit d'un Paumier nommé *Paschal Baudot*, ont été *déclarés nuls* ; & défenses faites à Beaudot *de récidiver, sous peine de punition exemplaire.* Le même jour & la même année, quatre billets faits par la Dame *Meaux* & le sieur *Bourgoing* au profit d'un nommé *Blavet*, ont été *déclarés nuls*, *& rendus* à leurs auteurs. Le 27 Août 1764, onze lettres de change acceptées par le sieur *Veillet de Montmarson* ont été *déclarées nulles*, les dettes réduites sur l'affirmation du débiteur, & les usuriers qui les avoient surprises condamnés *au carcan*, *au fouet*, *à la marque & aux galeres.* Le 29 Juillet 1745, un Marchand Mercier, nommé Paul Colomb, avoit été condamné au bannissement pour des lettres de change usuraires, & *les lettres annullées.* On citeroit mille exemples du même genre. S'il y a jamais eu un point constant dans notre Jurisprudence, c'est celui-là.

Pourquoi donc aujourd'hui semble-t-il douteux ? Pourquoi de

bons esprits même semblent-ils le méconnoître? Comment ont-ils pu adopter ce principe, que des billets étoient indestructibles, quelle qu'en fût la cause : principe infiniment dangereux & non moins ridicule : principe qui légitimeroit encore une fois une nature de vol, & avertiroit les brigands de borner leurs coups de mains à des effets ainsi privilégiés & respectés de la Justice. Quoi ! on pourroit prendre des Lettres de rescision contre un acte fait pardevant Notaires, & il ne seroit pas permis de se pourvoir contre une signature surprise & donnée sans témoin. Un filou qui dérobe une pistole dans la poche seroit flétri d'un châtiment irrévocable; & s'il a volé des effets pour cent mille écus, il seroit admis au rang des Citoyens irréprochables; il jouiroit avec honneur d'une fortune aussi illégitime. C'est bien-là le cas où, au nombre des talens nécessaires au repos des hommes, il faudroit compter celui de ne savoir pas écrire. Il n'y a point de Citoyen qui ne dût s'écrier, comme cet Empereur si détesté depuis, mais si justement adoré pendant ses premieres années : *Quam vellem nescire litteras !*

Mais, dit-on, ce sera un désordre affreux dans le commerce. Tous les débiteurs useront de cette ressource pour se dispenser de payer & pour éluder les échéances. D'abord cette crainte doit être détruite par le fait. Les Tribunaux admettent la voie criminelle contre des billets, & cependant ils ne sont pas accablés de procès criminels occasionnés par des billets. Cette juste condescendance ne peut donc pas produire une licence dangereuse.

Dans la spéculation il est aisé de voir que ce péril n'est pas à redouter. Il le seroit peut-être si c'étoit par la voie civile qu'on admît les débiteurs à se pourvoir contre leurs engagemens; mais tant qu'ils ne le pourront que par la voie criminelle, il n'est pas à craindre qu'ils en abusent. Elle n'est pas sans risque pour celui qui succombe. Il y a des dommages-intérêts à appréhender. La Justice a même des punitions plus graves qu'elle peut infliger à une mauvaise foi trop marquée; & enfin s'il y avoit des inconvéniens à admettre quelquefois une réclamation qui sera nécessairement rare, il y en auroit infiniment davantage à la proscrire toujours. La cupidité est encore moins scrupuleuse que le besoin. Elle seroit certainement plus hardie à exiger des titres illégitimes que celui-ci à les nier.

C'est donc un axiome, & un axiome utile, que des billets peuvent être anéantis.

§. II.

## §. I I.

### *Quels sont les billets qui peuvent être anéantis?*

Tous, s'ils sont usuraires, ou si la propriété n'en est pas légitimement acquise. Que l'usure soit un moyen légal, suffisant pour forcer les Tribunaux à anéantir des billets, on n'en sauroit douter d'après ce que nous avons dit, page 60 du Supplément aux Observations. Nous y avons prouvé que la Législation & la Jurisprudence s'accordent sur ce point. Nous avons cité les Ordonnances & les Arrêts de réglement, qui non-seulement proscrivoient les stipulations usuraires, mais qui, en anéantissant les billets infectés de ce genre de délit, en soumettoient la valeur réelle à l'affirmation du débiteur. C'est de sa bonne foi & de son serment que la Justice a fait dépendre la quotité de la restitution effective. Cela n'a rien d'inique, parce que le créancier ayant une fois violé la Loi, est devenu suspect & indigne de sa confiance.

Mais si, pour autoriser à dissoudre un titre, c'est assez qu'il soit défectueux dans une partie, que sera-ce s'il l'est dans sa totalité? Si un intérêt trop fort exigé d'un capital réellement fourni suffit pour en annuller la reconnoissance, combien méritera-t-elle moins de ménagement s'il n'y a eu aucune remise de fonds, & si la possession du titre n'est due qu'à la fraude & à la surprise?

Les Verons autrefois [illegible]ttoient de front ces principes. Ils soutenoient en général [illegible]tinctement, qu'un billet ne pouvoit jamais être éludé que par une quittance. Aujourd'hui ils sont devenus plus modestes ou moins hardis. Dans les *Preuves résultantes* ils ont modifié leur systême. Ce ne sont plus tous les billets qu'il faut payer quand on les représente. Ils conviennent, page 17, qu'*un homme auquel on a escroqué des effets sans nom de Propriétaire, tels que des billets au porteur, des actions des Fermes, & même des lettres de change & billets à ordre, sur lesquels le dernier endosseur* A MIS SON NOM EN BLANC, *peut sans doute rendre plainte en vol, en escroquerie : parce que*, disent-ils, *le blanc peut être rempli du nom de l'homme infidele qui s'empare de l'effet*; mais il n'en est pas de même quand il s'agit, comme ici, d'effets *où il n'y a point de signature en blanc dont on ait pu abuser.*

Eſt-il poſſible qu'on ſe ſoit flatté, avec de pareils raiſonnemens, de faire illuſion ?

D'abord nos Adverſaires nous feroient plaiſir de nous apprendre ce que c'eſt qu'*une ſignature en blanc*, ce que c'eſt que de *mettre ſon nom en blanc* ſur un papier. Eſt-ce écrire avec une liqueur blanche? Non. Ce n'eſt pas-là ce qu'ils ont voulu dire. Eſt-ce laiſſer vuide la place du nom, ne le pas écrire? Non encore : alors il n'y aura pas de billet. On entend ce que c'eſt qu'une promeſſe en blanc; c'eſt celle où on n'énonce pas la ſomme promiſe. Comme il y a deux choſes dans une pareille piece, l'une peut manquer ſans que la piece ſoit détruite; mais un nom mis en blanc, qu'eſt-ce? Si je l'écris il n'eſt plus en blanc; & s'il reſte en blanc je ne l'écris donc pas. Ce n'eſt donc pas contre ces ſortes d'effets qu'il ſeroit permis de ſe pourvoir, puiſqu'ils ne peuvent pas exiſter de cette nature. Voilà pourtant comme nos Adverſaires raiſonnent, comme ils écrivent; & ils diſent quils perſuadent. *Gaudeant benè nati.*

En tâchant de deviner ce qu'ils ont voulu dire, nous entrevoyons qu'ils ont entendu parler des effets qui ne portent pas un nom de proptiétaire direct, & où celui de l'acquéreur eſt *laiſſé en blanc;* ce ſont ceux-là ſeulement, ſuivant eux, qu'il eſt permis d'attaquer; mais ceux qui ſont faits au profit d'un prêteur déſigné & ſpécifié ſont à l'abri de toute atteinte. Voilà ce qu'ils ont voulu dire apparemment, puiſqu'ils citent pour exemple l'énoncé des billets du [illegible], qui portent, reçu de *Me Anne Regnault ... la ſomme de ...*

Mais ſi ce principe étoit admis, il s'enſuivroit donc qu'avant qu'il y eût des actions des Fermes, ou dans le tems que les billets au porteur étoient prohibés, il n'y avoit point d'engagement que la Juſtice pût anéantir; ce qui eſt démenti par le fait & par le droit.

Enſuite où eſt donc établie cette diſtinction? Sur quoi eſt-elle fondée? Le billet au porteur ne ſuppoſe-t-il pas, comme toute autre eſpece d'engagement, que la valeur en a été fournie par celui qui le repréſente? Pourquoi ſeroit-il moins ſacré? Ce que la Juſtice regarde dans un effet dont elle ordonne le paiement, ce n'eſt pas le nom du créancier, c'eſt celui du débiteur; & ſi celui du premier peut quelquefois faire impression sur elle, c'est quand sa profession, ses habitudes le rendent, comme ici, légitimement suspect; alors bien loin qu'il y eût pour le coupable un avantage à produire un billet à ordre stipulé à son profit, ce seroit au contraire une ressource de plus pour l'inculper, que n'offriroit pas un simple billet au porteur.

Mais la facilité de s'en emparer est, dit-on, plus grande à l'égard de cette derniere sorte d'effets; voilà pourquoi les Tribunaux sont plus faciles aussi à admettre la réclamation. Cette subtilité est absurde, & la conséquence en seroit très-dangereuse. Si une fois je suis imprudent au point de confier à un agent malhonnête des billets passés à son profit, c'est la même chose que si je lui remettois un billet au porteur; si l'abus de confiance n'est criminel, ou du moins criminellement poursuivi que dans un de ces deux cas, tous ceux que l'on voudra commettre seront désormais déguisés sous la forme privilégiée; tous les agioteurs, capables de s'approprier des effets qu'on leur aura remis pour les négocier, les feront passer à leur ordre, ou à celui de quelqu'un de leurs associés; ils ne trouveront pas de résistance de la part de l'emprunteur que le besoin & l'espérance mettent à leur discrétion; tous alors deviendront hardis & prévaricateurs comme la veuve Veron & ses enfans; tous diront, comme la veuve Veron & ses enfans, voilà dans nos mains des billets qui ont un propriétaire direct: donc nous en avons fourni la valeur: donc il faut nous la payer. Il n'y a donc point de billets qui ne puissent être anéantis quand la possession en est illégitime.

Mais, dira-t-on, ce danger dont vous venez de parler n'est-il pas chimérique? Pour qu'il fût réel il faudroit que l'on pût confier à ces agioteurs des billets sans précaution contre leur infidélité; il faudroit qu'on n'exigeât pas d'eux de reconnoissance comme ils n'ont pas fourni cette valeur; & une pareille imprudence n'a jamais été commise que par le Comte de Morangiés. Voilà ce que l'on dit dans le monde, voilà ce que d'honnêtes gens croient & ce qu'ils accréditent de bonne foi. Otons donc encore cette ressource aux Verons, avant que d'examiner leurs billets en eux-mêmes.

## §. III.

*Qu'il n'est ni extraordinaire ni rare que l'on confie à des Courtiers des billets sans reconnoissance pour les négocier, & qu'ils prétendent se les approprier.*

La premiere partie de cette proposition est démontrée par l'usage constant & habituel du commerce ; on peut consulter tous les Négocians, tous les Agens de change, tous les Banquiers ; il n'y en a pas un qui ne convienne que chez eux c'est toujours le papier qui vient chercher l'argent, & que celui qui fournit les especes, ou qui les fait fournir, a toujours entre les mains le titre du prêt ou la quittance avant & très-communément long-tems avant que le prêt ou le paiement soit effectué. Qu'on relise le Plaidoyer pour le Comte, pag. 98 & suiv. on y verra combien les usages des différentes places sont d'accord à cet égard, & à quel point l'oubli des précautions sur cet article y est porté ; les personnes peu instruites des procédés du commerce en sont étonnées, mais les faits n'en sont pas moins certains.

A la bonne heure, dit-on, cet oubli peut avoir lieu envers des Courtiers connus, des Agens de change en titre, des Banquiers bien famés ; mais non pas envers des Agioteurs obscurs, comme vous dites qu'étoient les Verons ; ce n'est pas pour de semblables Courtiers qu'on se pique d'un abandonnement aussi aveugle ; ils n'ont rien qui pût motiver la confiance, ou au moins la justifier.

Ceux qui raisonnent ainsi connoissent bien peu l'empire du besoin, & la maniere dont se traitent les affaires entre ceux que ce maître despotique réduit à se servir des Usuriers, de ces Agens coûteux que la cupidité lui dévoue. On va bien au-delà de la confiance ; avec les Prêteurs sur gages, par exemple, quand on leur remet des effets pour nantissement, non-seulement ils n'en donnent point de reconnoissance, mais ils exigent qu'on leur en passe une vente en forme ; de sorte qu'ils ont entre les mains un titre écrit qui les en rend propriétaires ; ce n'est donc plus que leur bonne foi que l'on a pour garant de la restitution ; & c'est pour les préserver de la tentation d'être infideles que la Police est si sévere, si inexorable à la moindre apparence d'une infidélité.

Quand, au lieu d'étoffes ou de bijoux, c'eſt du papier que leurs négociations ont pour objet, croit-on qu'ils permettent à ceux que la néceſſité oblige de paſſer par leurs mains, de s'y mettre plus à l'aiſe & de leur impoſer la loi? A la moindre marque de défiance, ſur-tout s'ils ont de mauvaiſes intentions, ils ſe révoltent avec hauteur : leur délicateſſe apparente s'épanouit en raiſon de la corruption de leur cœur ; ils ſe récrient qu'on les inſulte ; & mêlant l'adreſſe à la fierté, ils annoncent que l'affaire manquera. Le malheureux emprunteur, tyranniſé par le beſoin & par l'eſpérance, craignant de mettre lui-même obſtacle au ſuccès de la négociation, raſſuré par l'exemple, par l'uſage journalier, par la conviction intime de la néceſſité où il ſe trouve de courir dans un ſens ou dans l'autre quelques dangers, ferme les yeux & ſe laiſſe conduire ; il livre ſes effets ſans caution, ſans garantie d'aucune eſpece ; on n'en abuſe pas toujours, mais ſouvent.

C'eſt ce qui a fait établir à la Police un département exprès qui ne s'occupe que de cette ſorte d'eſcroquerie ; c'eſt celle dont le ſieur Dupuis étoit ſpécialement chargé ; il n'y a point de jour peut-être où pendant trente ans d'exercice il n'ait reçu des plaintes contre des eſcrocs de l'eſpece des Verons, contre des faiſeurs d'affaires obſcurs, qui avoient profité de leur obſcurité même pour tromper avec plus de facilité. Il n'y a point de jour où il n'ait été dans le cas de courir à la recherche des effets ainſi ſurpris, d'en procurer la reſtitution forcée. S'il avoit prévariqué dans l'affaire du Comte de Morangiés, il y auroit dans Paris peu d'hommes plus criminels que lui, puiſque ſa vie ſe feroit paſſée preſque toute entiere dans l'habitude de ce crime ſalutaire pour la ſociété, de ces ſervices non interrompus rendus à des familles qu'une facilité imprudente du chef ou des membres expoſoit à une ruine frauduleuſe.

Si les Tribunaux réguliers vouloient connoître de toutes ces affaires, comme la fatalité des circonſtances les a conduits à s'occuper de celle du Comte de Morangiés, ce feroit le moyen ſûr de les multiplier. Quel Uſurier ne feroit pas enhardi dans ſes brigandages, s'il pouvoit ſe flatter que, pour s'aſſurer le ſuccès & l'impunité, il ne faut que mettre les formes de ſon côté, & haſarder les déclamations les plus atroces contre les Officiers deſtinés à le contenir? Quel particulier trompé par eux pourroit en obtenir Justice, s'il falloit se résoudre à soutenir l'éclat d'un procès criminel, à combattre les manœuvres odieuses employées par des gens qu'aucun scrupule n'arrête, & consacrées par un premier Juge que la prévention peut aveugler?

Ne voit-on pas depuis un an les efforts ruineux que font deux hommes de lettres connus & un Libraire, pour se procurer justice contre une vexation de ce genre? Ils ont essuyé précisément la même escroquerie que celle dont se plaint le Comte de Morangiés; ils ont confié des billets pour en toucher l'argent; ils n'ont point touché cet argent, & on demande le paiement de leurs billets. Renvoyés en Justice reglée, il ont déjà eu à surmonter toutes les chicanes que les formes judiciaires permettent à la fraude de tenter pour égarer ou lasser les Adversaires; & à peine sont-ils au commencement du procès. Si la Police effrayée par le terrible exemple de la procédure du Bailliage, ne leur avoit refusé son secours, il y a long-tems qu'ils seroient hors d'affaire, & leurs justes inquiétudes cessées.

De tout ce qui précede il résulte donc que malgré la corruption de nos mœurs & l'indulgence quelquefois funeste de nos Loix, la friponnerie n'a point encore réussi à se pratiquer d'asyle inaccessible aux recherches des Magistrats, & qu'un escroc n'a pas le droit de dire à la Justice, comme Dieu aux flots de la mer: tu viendras jusques-là, & tu n'iras pas plus loin. D'une part, toute espece de titre, s'il est usuraire & frauduleux dans son principe, peut être anéanti; de l'autre, il est très-commun dans la société qu'il s'y trouve des effets dont la possession n'est due qu'à la fraude. Voyons dans quelle classe il faut ranger ceux que les Verons représentent; examinons-les dans la forme & au fond.

## §. IV.

*Que les billets du 24 Septembre sont usuraires & portent un énoncé faux.*

Dans la forme, ces billets ne peuvent qu'être proscrits par les Tribunaux; ils sont usuraires; on ne répete que 300000 livres, & ils stipulent 327000 livres reçues; ils portent intérêt, & le capital est exigible. La Loi prohibe ces sortes d'engagemens.

Si les Tribunaux les tolerent quelquefois pour la facilité du commerce, c'eſt lorſqu'il n'y a pas d'autres raiſons de les réprouver que cette ſtipulation défendue. Mais quand le fond même de l'écrit eſt attaqué, quand l'écrit ſe trouve dans des mains ſuſpectes & avilies, la rigueur de la Loi doit prévaloir ; il ne faut pas que le prêteur qui a prévariqué perde ce qu'il a réellement fourni, mais il faut qu'on ouvre des reſſources à l'emprunteur pour ne reſtituer que ce qu'il a réellement fourni.

2°. Les billets dont il s'agit portent un énoncé faux. On y lit que la valeur en a été *reçue comptant de la veuve Veron;* & la veuve Veron elle-même publie qu'elle n'a point vu le Comte de Morangiés ; qu'il n'a rien reçu d'elle ; que c'eſt hors de chez elle, par l'entremiſe de ſon fils, que la valeur a été délivrée. Cette contradiction entre ſon titre & ſes aveux eſt choquante ; elle décele qu'il y a eu quelque raiſon ſecrete pour la ſouſcription de ces billets ; elle autoriſe au moins des ſoupçons violens contre la réalité de la délivrance du montant ; elle annulle l'engagement juſqu'à ce qu'il ait été démontré d'ailleurs.

Mais, diſent les Veron d'un ton léger dans un de leurs Libelles *, *prétendrez-vous être en droit de revenir ſur un billet, par ce qu'un domeſtique vous en auroit porté la valeur de la part de ſon maître, & que vous auriez fait le billet au nom du maître véritable propriétaire de l'argent? Peut-on rien dire de plus ridicule? Riſum teneatis amici?* Une citation d'Horace n'eſt pas ici d'un grand poids ; il vaudroit mieux de la raiſon, & ſur-tout de la bonne foi.

* *Réponse aux Obſervations, page 5.*

Non, ſans doute, la médiation du domeſtique ne ſeroit pas une preuve contre l'énoncé du billet, s'il atteſtoit avoir en effet porté l'argent. Mais s'il avoit déclaré en Juſtice qu'il ne l'a pas porté ; s'il avoit atteſté ſous la foi du ſerment que jamais ces eſpeces n'ont été remiſes par ſon moyen, ſans doute on ſeroit en droit de revenir contre le billet. Or Dujonquai, qui prétend avoir ici rempli l'emploi du domeſtique porteur, a auſſi fait la dénégation ; & c'eſt ſon aveu qui annulle l'énonce du billet. Voilà pour la forme.

## §. V.

### PREMIERE PREUVE.

*Que la valeur des billets n'a pas été fournie par les Verons, tirée du récit qu'eux-mêmes font de la maniere dont leur est parvenue cette valeur.*

Vous redemandez cent mille écus que vous dites avoir prêtés. Les aviez-vous ces cent mille écus ? D'où venoient-ils ces cent mille écus ? Où les teniez-vous ces cent mille écus ?

Cette question à laquelle la sagacité du Magistrat chargé de la Police, lui avoit si sagement fait réduire la Cause, en est le nœud. Il y a des personnes qui la trouvent inutile & odieuse. On ne doit point être obligé, disent-elles, de rendre compte de l'origine de sa fortune ; c'est une inquisition que de pareilles recherches ; je possede parce que je possede, &c.

Il faut toujours faire la même réflexion ; c'est qu'il est bien étrange que pour défendre des Usuriers, pour protéger des êtres qui, quand ils seroient innocens de l'escroquerie dont on les accuse ici, ne mériteroient par leur maniere d'exister habituelle que le mépris général de la société, on se creuse l'esprit, qu'on cherche tous les sophismes imaginables, qu'on s'obstine à fermer les yeux aux vérités les plus constantes, & à adopter les principes les plus dangereux. Sans doute, si un Citoyen paisible & obscur qui jouit tranquillement avec sa famille d'une fortune amassée dans le secret & l'économie, se trouvoit exposé à des recherches inquiétantes sur l'origine de son aisance, si on lui demandoit compte des voies par lesquelles il l'a établie & accrue ; si des Inspecteurs de Police venoient, sans plainte, sans motif, lorsqu'il ne demande rien à personne, le traduire chez un Commissaire & l'obliger à y signer un acte déshonorant & ruineux, ce seroit une persécution révoltante contre laquelle il faudroit que tous les hommes honnêtes se récriassent.

Mais quand des Usuriers cachés dans la plus vile classe de cette espece d'hommes si vile par elle-même ; quand des Prêteurs sur gages, réduits à subsister du misérable bénéfice que peut rapporter un prêt de trois écus, se présentent effrontément devant les Tribunaux & accusent un homme de naissance, honoré d'un des premiers grades militaires, de leur avoir volé cent mille écus ; qu'ils qu'ils ont avoué eux-mêmes la fausseté de leurs imputations, & que cependant ils y reviennent sans autre appui que des billets dont ils ne sont devenus maîtres que par un délit, la Justice seroit elle excusable de ne pas approfondir la source de leur prétendue richesse? ne doit-elle pas faire dépendre sa décision de la réalité de cet or qu'ils réclament? Et s'il est prouvé qu'il n'a jamais existé, ne sont-ils pas convaincus d'un complot infame qui mérite toute sa sévérité?

Les Veron ont si bien senti que la premiere démarche essentielle pour eux étoit de donner une généalogie à leur trésor, que c'est par-là qu'ils ont commencé avant même qu'on la leur demandât. Ils pouvoient choisir; leurs cent mille écus attendoient, comme ces parvenus élevés du sein de l'indigence, qu'une main adroite leur donnât un pere. Ils pouvoient dire qu'ils les avoient gagnés au jeu, à la loterie, dans ces sortes d'incidens où le hasard d'un instant peut procurer une richesse solide; mais on auroit demandé des détails, des dates, des époques.

Les loteries ont des registres; il auroit fallu citer les numéros heureux, & on auroit vérifié. Le jeu peut procurer une opulence plus rapide & plus secrete: cependant on ne joue pas en plein air, on ne gagne pas cent mille écus sur une carte; des gens de la classe des Veron sur-tout n'auroient pas été admis à les risquer, ou du moins à les emporter sans soupçon de la part des perdans; la Justice auroit voulu qu'on lui en désignât quelques-uns; elle auroit voulu connoître le lieu de la scene. Sur tous ces renseignemens il y avoit du risque à avoir l'imagination trop fertile ou trop paresseuse.

Les Veron se sont déterminés pour le roman le moins dangereux dans leur idée, pour un roman où ils ne fussent obligés de citer que deux témoins morts. Rien ne prouve mieux la fausseté d'un récit que l'absurdité des circonstances dont on le charge. Si je raconte un fait, & que tous les détails que j'accumule se trouvent ou improbables, ou impossibles, ou démentis par d'autres parties de mon histoire, il en résulte que le fond n'est qu'une imposture. Nous allons donner un abrégé de celle des Veron, en nous servant de leurs propres termes autant qu'il nous sera possible; nous y joindrons des notes courtes pour épargner le tems des lecteurs & le nôtre.

« *Veron le pere étoit Banquier.* ON LE PROUVE PAR UNE » MULTITUDE D'ACTES * ».

* Voyez le Mémoire signé Vermeil en 1772, page 5.

On ne cite que son extrait mortuaire & le contrat de mariage de sa belle-fille. Or rien ne prouve moins une qualité réelle que des qualités prises dans des actes sur lesquels elles n'influent pas. D'ailleurs, celle de Banquier n'indique ni la richesse, ni l'indigence; c'est le titre que prennent dans le commerce ceux qui n'en ont pas, comme celui d'Avocat sert à couvrir dans le monde l'inutilité de bien des gens qui se l'approprient sans conséquence.

« *Il occupoit rue Quincampoix une maison de 1080 livres de » loyer* * ».

* *Ibid.*

Il en étoit principal locataire, il n'en occupoit qu'une partie.

« *Sa veuve avoit de l'argenterie, plusieurs personnes attestent » avoir mangé chez elle dans des plats d'argent* * ».

* Voyez tous les Mémoires & tous les Libelles.

Ces plats étoient-ils à elle ? N'appartenoient-ils pas à un Traiteur ? Une partie de ces personnes que l'on cite comme témoins de cette propriété brillante, telles que le sieur Guy & la Dame Duchesne, l'ont désavouée par écrit; combien cela doit-il donner de soupçons sur la complaisance des autres ?

« *A Vitri-le-François elle a vécu avec magnificence* * ».

* Voyez les preuves résultantes du Procès, page 20.

Le Comte n'a cessé de demander pendant l'instruction que l'on fît une enquête à Vitri sur ce fait, & le Juge du Baílliage s'est obstiné à le refuser. Le Comte avance & offre de prouver que cette famille entiere a vécu à Vitri dans la plus triste obscurité; qu'elle n'occupoit qu'une maison de 120 livres de loyer, dont le rez-de-chaussée consistoit en deux pieces, & qu'il n'y avoit que ces deux pieces de meublées.

« *Son opulence venoit d'un fidéicommis de 260000 livres en » or, & de beaucoup de vaisselle d'argent à elle restituée par le » sieur Chotard, Receveur des Domaines en 1739, après la mort » de son mari* * ».

* Mémoire de 1772, p. 7 & suiv.

Ce sieur Chotard est mort insolvable envers la Ferme de plus de 100000 livres. Le fait du fidéicommis a été nié par la Romain dans les confrontations.

« *Ces 260000 liv. reçues* EN OR *ont été confiées* EN OR *à M*[e]

*» Gillet, Notaire, qui les a fait valoir pendant vingt ans à son » profit, & en payoit l'intérêt. En 1760 la veuve Veron lui a redemandé son dépôt, & l'a prié de le restituer* EN OR, *comme elle » le lui avoit donné, parce que si le séjour de la Province lui » plaisoit, il étoit possible qu'elle y fît l'acquisition d'une Terre** ».

* *Ibid.* pag. 7, 8 & 9.

Me Gillet est mort en 1762; son extrait mortuaire est produit. Voilà pourquoi on suppose qu'on lui a retiré l'or en 1760; cela prouve l'art des fabricateurs de ce conte. Mais voici un malheur qu'ils n'ont pu prévoir ni parer.

Dans l'inventaire de Me Gillet, fait après sa mort, on trouve un billet du sieur Veron, daté du 9 Janvier 1734, qui n'a point été acquitté, & qui est mis au rang des dettes *douteuses ou perdues*. L'extrait de l'inventaire est produit. Maintenant combien de réflexions à faire sur cette piece. Veron, le prétendu Banquier, faisoit donc bien peu d'honneur à ses engagemens, puisqu'il n'a pas acquitté en six ans, de 1734 à 1739, un billet d'une aussi petite conséquence. Il n'étoit donc pas riche: sa succession ne l'a pas acquitté: Me Gillet ne l'a pas représenté: Veron est donc mort insolvable. Me Gillet n'a pas exigé le paiement de la veuve: il n'a donc pas eu à elle 260000 livres; il ne lui en a donc pas payé l'intérêt pendant vingt ans à six pour cent.

On conçoit que la veuve étant séparée de biens, & n'étant pas tenue des dettes de son mari, il n'auroit pu la forcer à acquitter ce billet; mais s'il y avoit eu entre eux une liaison si intime, si la confiance d'une part avoit été au point de lui remettre sans reconnoissance 260000 livres, & la complaisance de l'autre jusqu'à payer pendant vingt ans l'intérêt de cette somme à six pour cent, par conséquent à un taux au-dessus de la loi, la délicatesse de la veuve n'auroit-elle pas exigé qu'elle commençât par tenir compte d'un objet aussi modique à un ami aussi généreux; & celui-ci qui dérogeoit aux usages, aux réglemens de sa Compagnie par cette négociation usuraire, auroit-il eu le scrupule de ne pas se prévaloir de son titre, & de ne point diminuer son fardeau en se débarrassant de cet effet inutile? Cela est-il croyable? Observez d'ailleurs quel étrange motif elle donne à la restitution du dépôt. N'est-ce pas au contraire en partant qu'elle devoit craindre d'exposer son or aux dangers d'un voyage? N'étoit-ce pas le moment de le confier à un Officier public, sauf à en faire l'emploi par lui au moment d'une acquisition?

* Ibid. « *Elle l'emporte à Vitri* EN OR * ».
Comment ? On n'en dit rien.

« *Elle le cache soigneusement à toute sa famille, & sur-tout à*
* Ibid. pag. 9. » *son gendre, parce que c'étoit un joueur* * ».

Et en mourant elle déclare lui avoir prêté & avancé 200000 livres ; étrange maniere de lui faire croire qu'elle étoit pauvre !

«*En 1769 elle veut revenir à Paris ; avant son départ elle vendit tous ses meubles, soit parce que le transport en auroit été embarrassant & coûteux, soit parce qu'elle étoit bien aise de remplacer, par les deniers qui proviendroient de cette vente, la somme qu'elle avoit été forcée de prendre, pendant son séjour à Vitry, sur les 300000 livres qu'elle y avoit apportées ; soit enfin parce qu'à Paris elle seroit à portée de se former un nouvel* AMEUBLE-
* Page 11. MENT, *conformément à l'état que son fils pourroit y remplir* *».

Un nouvel ameublement ! Elle en avoit besoin en effet. Il est prouvé dans l'instruction, qu'à leur retour, elle & toute sa famille ont couché pendant six mois au fauxbourg Saint-Antoine, chez le sieur Caquet, qui en est convenu, à plate terre, sans bois de lit, sans rideaux. Quelle étrange négligence de la part d'une femme qui avoit vendu ses anciens meubles pour se procurer le plaisir d'en avoir de nouveaux !

*Elle saisit l'occasion d'une foire annuelle où des Juifs se rendent à Vitry le François, pour y vendre ses diamans & ses bijoux : objets moins précieux pour la vieillesse que l'or qu'elle se plaît à ac-*
* Pag. 11 & 12. *cumuler*. Ce sont les propres termes du Mémoire de 1772 *.

Des diamans ! Une foire ! Des Juifs ! Quel inconcevable mêlange ! Et puis, quel est donc ce dégoût subit qui prend tout d'un coup à la Veron pour des bijoux qu'elle a gardé pendant trente ans ? C'étoit pour réparer le vuide que sa dépense journaliere avoit fait sur la masse qui n'avoit plus rien produit pendant dix ans. D'abord, qui croira que cette femme si avide, si attentive sur ses richesses, ait consenti à vivre pendant dix ans sur son capital ? Mais ensuite, dans le cas même où elle auroit voulu réparer sa perte, est-ce à des Juifs qu'elle se seroit adressée ? Ne se soumettoit-elle pas à une perte volontaire en traitant avec de semblables acheteurs ? Est-ce d'ailleurs à Vitry, dans le court intervalle d'une foire, qu'elle se seroit hâtée de consommer le marché ? La précipitation ne le rendroit-elle pas nécessairement désavantageux, ainsi que le lieu & le moment de la négociation ? Des diamans en nature n'étoient-ils pas plus transportables, plus faciles à cacher que leur valeur en especes ? Puisque ce n'étoit pas la nécessité qui forçoit la Veron à les vendre, n'auroit-elle pas préféré de les garder jusqu'à Paris ? N'est-ce pas dans cette Capitale où le luxe a toujours plus de besoins que de ressources, n'est-ce pas chez des Négocians connus & accrédités, en état d'attendre ou de fournir des occasions favorables, qu'elle en auroit été chercher ? Avoit-elle donc un besoin si pressant d'augmenter son trésor jusqu'à la valeur de cent mille écus juste, qu'elle craignît de les dépasser, & qu'elle sacrifiât l'excédent qu'un peu de patience lui auroit procuré, au desir d'arrondir sur le champ cette somme, dont elle ne vouloit faire aucun emploi ? N'est-il pas clair qu'on n'avance ces étranges anecdotes que pour désorienter les recherches & s'épargner le danger des éclaircissemens ? Où retrouver les Juifs qui étoient à la foire de Vitry en 1769 ?

*Elle revient à Paris ; enfin elle vend sa vaisselle plate. Le tout fait une grosse somme qu'elle réalise en or autant qu'il est possible, & cela remplace & au-delà ce qui avoit été pris sur les 300000 livres **.

* Pag. 12.

Si tout ce Roman n'est pas vraisemblable, ce n'est pas la faute des inventeurs. Voyez comme tout y est combiné ; & sur-tout comme, d'une part, on se dispense de citer des témoins, comme, de l'autre, on avertit toujours que c'est de l'or qu'on amasse. Chotard donne *en or*. Me Gillet rend *en or*. Les paiemens des Juifs se métamorphosent *en or*. On a raison, puisque c'étoit de l'*or* qu'il falloit porter en arrivant chez le Comte de Morangiés. A l'égard des témoins c'est Chotard, c'est Me Gillet, ce sont des Juifs. Gillet est mort : ainsi on a pu dire que c'est lui qui a payé des intérêts jusqu'en 1760. Depuis cette époque il auroit été moins aisé ou suspect de citer un payeur mort aussi ; que fait-on ? Plus d'intérêts. On vit du capital ; il étoit donc entamé ? Cela vous éloigne des cent mille écus. Non. Comment ? En partant nous avons vendu nos bijoux. Où ? En foire. A qui ? A des Juifs inconnus. Comme cela est adroit ; & c'est une fable pareille qui a fait illusion à d'honnêtes gens !

*Elle revient à Paris avec son or **.

&c.

Comment? l'or ſur la charrette d'un Roulier. Accompagné de qui? De perſonne. Et les Maîtres, comment voyagent-ils? Sur une autre charrette de Vitry à Nogent, & de Nogent à Paris par le coche d'eau.

C'eſt par économie, dira-t-on. En ce cas, pourquoi ne pas marcher avec le Roulier? La prudence & l'économie auroient été d'accord avec cette maniere modeſte de faire route; mais l'une & l'autre permettoient-elles aux Propriétaires de cent mille écus de les laiſſer aller ſeuls à la diſcrétion d'un Roulier, ſans déclaration, ſans reçu, ſans rien qui le conſtate?

On eſt étonné que le Comte de Morangiés leur ait confié ſes billets ſans aval; & ils ont bien, diſent-ils, confié leur cent mille écus à un Roulier, ſans même avoir pris la moindre précaution pour s'aſſurer un recours ſi cet homme étoit infidele ou malheureux; & ce ſont de ſemblables contes dont on repaît la crédulité publique!

En vérité, encore une fois, nous n'avons qu'à, pour couvrir de honte les Verons & leurs partiſans, réimprimer leur défenſe. Il n'en faut pas davantage pour déſabuſer le peu de gens honnêtes qui ont juſqu'ici cru à leurs déclamations, ſans en approfondir les détails.

Voilà donc juſqu'à préſent comme ils racontent l'hiſtoire de leur opulence. Comment diſent-ils qu'elle eſt prouvée dans la procédure? Que l'on conſulte à cet égard les *Preuves réſultantes du Procès*, page 20 & ſuivantes, on ſera bien plus étonné. La preuve que l'inſtruction fournit que la veuve Veron *avoit beaucoup d'or dans ſes mains avant le 23 Septembre*, titre mis en tête du paragraphe, c'eſt qu'une Dame Caquet a dépoſé que la veuve Veron logeant chez elle lui a dit qu'elle *avoit des noyaux;* c'eſt que le mari de cette femme Caquet a dépoſé qu'il avoit vu à ſes hôtes un grand coffre que trois ou quatre hommes avoient peine à remuer, & cela dans le tems qu'ils couchoient par terre; c'eſt qu'un garçon Marchand de vin qui fourniſſoit la maiſon, & à qui il étoit dû 40 livres pour la fourniture de deux mois, a vu en Septembre tirer cette ſomme d'un ſac d'argent blanc d'environ 500 livres, à côté duquel il y en avoit cinq à ſix de la même groſſeur. Voilà les Preuves réſultantes du Procès, que la veuve Veron avoit chez elle les cent mille écus en or, ſi judicieuſement emportés en 1760 de Paris à Vitry, & ſi prudemment ramenés en 1769 de Vitry à Paris.

## §. VI.

*Seconde preuve que la valeur des billets n'a pas été fournie. Négociation avec le Comte de Morangiés d'après les défenſes des Veron.*

Suivons la même méthode. Combattons toujours nos Adverſaires avec leurs propres armes.

« *Cependant l'or de la veuve Veron étoit oiſif. Son petit-fils » voit bien qu'il faudra l'entamer ſi on n'en tire des intérêts ; il » obſerve à ſa grand'mere qu'il étoit important de placer ſes fonds » pour quelque tems ſans aliénation, afin de pouvoir les r'avoir » quand il ſe préſenteroit des circonſtances favorables pour for- » mer ſon établiſſement* * ». * Pag. 13.

Voilà un garçon ſage. Il donne des avis à ſa grand'mere. Il prévoit l'avenir. Qu'on n'oublie pas ces avis, & ſur-tout celui de placer ſes fonds ſans aliénation. Sa conduite répond ſans doute à ces excellentes ſpéculations économiques. Voyons.

« La veuve Veron charge Dujonquai ſon petit-fils de lui trouver » un bon emploi. Il rencontre à Saint-Mandé un nommé *Senne- » ville, fils d'un Militaire*, à qui il trouve du goût pour les ar- » mes; il en a auſſi beaucoup pour cet exercice. Les voilà liés d'a- » mitié : le petit fils du Banquier demande au fils du Militaire s'il ne » connoiſſoit perſonne qui pût le mettre à portée de placer une » ſomme aſſez conſidérable appartenante à ſa grand'mere *. Ce » dernier lui répondit qu'*il connoiſſoit deux femmes, l'une appel- » lée la Charmette, demeurant dans le même hôtel, ſur le même » palier que lui, qui faiſoit le négoce de Courtiere; & l'autre la » femme Tourtera, Marchande à la toilette rue des Boucheries* * » * *Ibid.* pag. 14. * *Ibid.*

A-t-on jamais rien ouï-dire de pareil ! Quoi, une femme économe, un garçon de vingt-huit ans qui veulent placer cent mille écus ne ſavent à qui s'adreſſer pour cet emploi ! Ce ne ſont ni des Notaires, ni des Banquiers, ni des Agens de change qu'ils conſultent; c'eſt un pilier de ſalle, eſcorté d'une uſuriere & d'une Revendeuſe à la toilette qui ſont leurs ſeules reſſources !

« De ces deux femmes, l'une dit qu'elle ne connoît perſonne » qui veuille emprunter ; l'autre emprunte elle-même : on lui » prête * ». * *Ibid.*

Cette derniere est la femme Tourtera. Qu'emprunte-t-elle? Deux mille écus. En quel tems? En Septembre; l'époque est remarquable *. Comment prouve-t-elle qu'elle a emprunté? Par son livre, disent les *Preuves résultantes.* Supposons que cet emprunt soit réel, & qu'il n'ait pas été supposé pour donner lieu à cette usuriere de pouvoir affirmer qu'on a ouvert devant elle l'arche où reposoit cet or mystérieux dont on lui a confié une petite portion; accordons qu'en effet elle a reçu de la veuve Veron deux mille écus; qui n'en voit l'origine & l'emploi? Cette somme vient de la vente que les Verons venoient de faire des contrats de rente sur la Ville & les Aides & Gabelles, à perte de plus de moitié, chez Me Boutet, Notaire. Ces contrats produisoient 660 livres de rente. Ils ont été vendus moins de 7000 livres; & pourquoi ce sacrifice ruineux? Etoit-ce pour prêter à la Tourtera? Non; mais pour lui fournir de quoi prêter sur gages. C'étoit le fondement du nouveau commerce auquel Dujonquai & sa famille se dévouoient. Avec cette clef, tout ce qui précede devient clair: on n'est plus étonné qu'un intrigant soit leur premier confident: on ne l'est plus que leurs premieres connoissances, leurs plus cheres amies soient de ces femmes dont le métier est d'éventer les malheureux pressés par besoin, & de les conduire dans les repaires où la cupidité les attend pour en sucer le sang.

* Voyez ci-devant, pag. 4.

« On ne se borne pas au prêt fait à la Tourtera; on presse la » Charmette de chercher des occasions. Enfin elle indique un » Seigneur *des plus aimables, rempli de probité, qui en a tant,* » *dit la Courtiere, que le sang qui coule dans mes veines, s'il* » *étoit d'or, j'irois tout à l'heure le lui offrir* * ».

* Page 17.

On ne s'est pas promis grand avantage sans doute dans la Cause, de cette ridicule expression qui ne va ni au métier ni à la tournure de la femme Charmette. Il ne seroit pas étonnant après tout qu'une courtiere d'usure eût souhaité que son sang fût d'or; mais cela ne prouve pas que la veuve Veron en eût deux cens livres pesant dans son armoire.

« Sur la parole de la Charmette, on va chez le Comte, on » le presse, on lui offre de l'or tant qu'il en voudra. Il semble » qu'il fasse grace en acceptant la somme entiere. *Il dit qu'il prendroit avec plaisir les 300000 livres appartenantes à la veuve* » *Veron* * ».

* Page 19.

Y a-t-il rien de plus contraire au sens commun, de plus révoltant?

voltant ? Quoi, c'est le Comte que l'on prie ! C'est le prêteur qui fait des démarches ! C'est l'argent qui court au-devant du papier ! Encore si c'étoit un de ces emplois avantageux, une de ces hypotheques assurées que l'on se dispute, à la bonne heure : mais non. On ne fait aucune perquisition sur la fortune du Comte. On ignore que ses biens sont en direction. On ne daigne pas même s'informer par quel hasard un homme de son rang se trouve réduit à faire des emprunts par le ministere d'une Revendeuse à la toilette. Et combien dure cette inconcevable ignorance ? Pendant plus de quinze jours ; car, suivant le Mémoire de 1772, page 17, c'est le 6 Septembre que Dujonquai va voir le Comte pour la premiere fois ; & ce n'est que le 23 que l'or est livré. Les Verons ont donc eu dix-sept jours entiers pour réfléchir à qui ils alloient confier leur fortune, pour faire des perquisitions, pour s'instruire enfin de ce qu'il étoit impossible qu'ils ne cherchassent pas à savoir, s'ils avoient en effet eu à placer, on ne dit pas cent mille écus, mais cent pistoles.

« Le Comte les accable de politesses. Dujonquai, *plein de » zele, va aussi-tôt lui demander le jour, l'heure*, ET LE NOTAIRE » *QUI RECEVROIT SON OBLIGATION* * ».

* Page 21.

Il est bien étrange que ce soit toujours le prêteur qui fasse les démarches. Dans l'usage ordinaire des gens qui n'ont pas besoin d'inventer, c'est l'emprunteur qui agit, qui se remue. C'est lui qui choisit le lieu, l'heure, l'Officier. Mais voici quelque chose de bien plus étonnant. C'est donc un contrat de constitution que Dujonquai vouloit faire ! Afin de rendre le Comte odieux, l'auteur de cette fable développe, en une page entiere, l'artifice de cet homme insinuant qui fait briller une promesse de vingt-cinq louis aux yeux de l'infortuné jeune homme pour l'engager à préférer de simples billets à un contrat de constitution. Il y a long-tems qu'on a dit que la mémoire étoit l'instrument le plus nécessaire aux menteurs. Celui-ci oublie qu'à la page 13, il a introduit Dujonquai disant à sa grand'mere qu'*il étoit important de placer ses fonds pour quelque tems sans aliénation, afin de pouvoir les r'avoir quand il se présenteroit quelques circonstances favorables pour son établissement ;* c'étoient donc des billets qu'il vouloit. Il ne songeoit donc pas à aliéner ! il ne vouloit donc pas faire un contrat ! il n'a donc jamais proposé de Notaire. Le Comte n'employa donc point de *défaite adroite* pour éluder l'intervention de l'Officier public; & la promesse d'un cadeau de vingt-cinq louis ne fut ni un voile ni une espece de voile qu'il ait mis sur les yeux de Dujonquai, comme le dit, page 20, le Mémoire de 1772; & ce sont les auteurs de ces mensonges contradictoires qui ont sans cesse à la bouche le reproche d'imposture: ce sont eux qui disent qu'ils ont *confondu la mauvaise foi qui a toujours présidé à la défense du Comte*; eux qui.... Poursuivons.

« On convient de faire des billets dans lesquels les intérêts se» ront compris à 6 pour 100. Le 20 Septembre on donne & on » reçoit les paroles. Il s'agit de réaliser le prêt, & de livrer l'or. » Le Comte *observe qu'il desire que la chose se passe secrétement.* » Il dit qu'il craindroit d'être volé *si l'on venoit à savoir qu'il eût* » *300000 livres chez lui, qu'il n'avoit pas besoin que l'on sût ce* » *qu'il faisoit, & qu'il ne devoit compte de sa conduite à per-* » *sonne* * ».

* Page 21.

Plaisante raison à donner à un homme de qui on emprunte cent mille écus. Le seul mot du secret devoit lui donner des alarmes: que celui qui emprunte l'exige, cela se peut; mais que celui qui prête y consente sur un semblable prétexte, c'est ce qui ne se seroit jamais vu que cette fois-là.

« *Rien n'est plus facile*, répond Dujonquai, *que d'entrer chez* » *vous les 300000 livres sans qu'on s'en apperçoive. Heureuse-* » *ment ma grand'mere a la somme* EN OR *à peu de chose près*; » ET JE PUIS VOUS APPORTER AISÉMENT MILLE LOUIS PAR » VOYAGE * ».

* Page 20.

Nous allons toujours de surprise en surprise. Non-seulement le propriétaire de cent mille écus n'est ni alarmé ni choqué, qu'au lieu d'un contrat de constitution on lui offre des billets, & que pour lui voiler les yeux on en approche vingt-cinq louis. Non-seulement il trouve naturel que l'homme qui va recevoir son argent ne veuille mettre personne dans sa confidence, mais il va bien plus loin; il s'offre lui-même en personne pour faire le transport; & comment le fera-t-il? A pied, tout seul. Il ne demande ni voiture ni domestique. Voilà un créancier bien obligeant: il avoit bien peur de ne pas avoir le Comte de Morangiés pour débiteur. Il avoit raison. Observez encore ce mot, *heureusement ma grand'mere a la somme en or*. Et ceux-ci, *je puis aisément apporter mille louis par voyage*. Comme il a l'œil pénétrant & le calcul facile! Comme il prévoit sur le champ ce qu'il pourra porter ! Quelle obligation il a à l'auteur de ce Roman qui a si bien combiné après coup toutes les circonstances !

« Le Comte presse pour que ce rare exemple de complaisance » ne soit pas retardé ; mais *Dujonquai lui observe qu'il lui falloit » quelque tems pour compter l'or & disposer les sacs; que c'étoit ce » qu'il se proposoit de faire dans la soirée du lendemain samedi, » qui étoit Fête, & que la matinée du Dimanche n'étoit pas con- » venable pour le transport de l'or ; en conséquence on prit jour » pour le lundi suivant, à commencer à sept heures du matin* ».* * Page 22.

Voilà bien d'autres absurdités. Quoi, un homme aussi affamé d'argent qu'on suppose le Comte se rend à des raisons aussi frivoles, & un homme aussi facile que Dujonquai l'est dans tout le reste, s'y obstine ! Et quel besoin de mettre l'or en sacs ? il y étoit déjà, & en sacs de mille louis, si la Tourtera n'a pas menti ; car elle dépose qu'elle l'y a vu & touché. Quel besoin avoit d'ailleurs Dujonquai de le compter pour lui & chez lui ? N'étoit-ce pas en le livrant qu'il falloit en faire la numération ? Pourquoi prendre cette peine deux fois ? Qui a jamais allégué, pour retarder un emploi d'argent convenu, qu'il faut le compter & le mettre en sacs en l'absence de l'emprunteur ? D'ailleurs pourquoi la matinée du Dimanche étoit-elle moins propre *au port de l'or* que celle du lundi ? Il y avoit donc entre le Comte & Dujonquai un défi à qui se paieroit de raisons plus puériles ?

« Cette mystérieuse numération se consomme le samedi 21 au » soir ; & pendant que Dujonquai y est occupé, arrive un co- » cher du Comte de Mailly, l'intrépide Gilbert, avec lequel Du- » jonquai *n'avoit d'autre relation que celle qu'avoit établie chez » eux leur goût commun pour l'exercice des armes* ». * Page 24.

Voilà un escrimeur bien déterminé ; tous ses amis, il les prend dans les salles. Qui ne voit que la nécessité de compter n'a été supposée qu'afin d'avoir un prétexte pour amener là Gilbert, & se procurer un témoin qui pût dire avoir vu l'or ?

« *Le premier mouvement de Gilbert en voyant tout cet or étalé, » fut un mouvement de surprise. Ah ! la belle monnoie, s'écria- » t-il ; à qui donc appartient tout cela ? Alors l'amour-propre du » jeune homme s'épanouit ; on aime à paroître riche. C'est, lui ré- » pondit-il, l'or de ma bonne maman, dont je vais faire un bon*

*» emploi ; & je divise cet or en différens sacs, pour être à portée*
* Page 24. *» de le porter moi-même à différens voyages* * ».

Pesez ce discours rapporté en style direct, vous lecteur qui connoissez le cœur de l'homme, & voyez si c'est la vérité qui l'a inséré dans le Mémoire où il est consigné ? Est-ce là le langage que l'on tient à une connoissance de salle d'armes, à un Cocher avec qui on n'est pas lié, à un étranger par qui l'on est interrompu dans une occupation aussi sérieuse que celle de compter cent mille écus? Dujonquai ne prend la peine de les porter à pied que pour garder le secret. Et la premiere chose qu'il dit à cet ami de salle, avec qui il *n'a point de relation*, c'est qu'il partage son trésor pour le *porter lui-même à différens voyages* ; & le Cocher n'en est point surpris. Il ne conçoit ni étonnement, ni respect pour le polisson qu'il a cru son égal, & à qui il voit une aussi prodigieuse fortune. Il s'offre sur le champ amicalement pour l'aider à compter ; & l'autre, qui est seul dans un petit cabinet dont la porte donne sur un escalier public, accepte ses offres. Tout cela est-il croyable ? N'est-ce pas-là la fable la plus inouie, la plus extravagante qu'on ait jamais contée ?

Mais, disent les Verons, pag. 23 & suiv. des *Preuves résultantes*, elle n'en est pas moins établie au procès ; nous avons des témoins qui attestent que *le 21 Septembre 1771 il a été compté beaucoup d'or dans le cabinet de Dujonquai.* Et ces témoins qui sont-ils ?

1°. Gilbert, convaincu par la procédure de faux témoignage.

2°. La fille Chaume, qui dit avoir vu l'or sur une table, au moyen de ce qu'elle souleva un peu le rideau qui couvroit une porte vitrée. Malheureusement à la confrontation, interpellée de dire si le rideau étoit en dedans ou en dehors, elle a dit qu'il étoit *en dehors*, & il est constant qu'il étoit *en dedans*. Cette observation est d'autant plus importante, que cette fille étant domestique de la maison, devoit connoître la position de ce rideau par l'habitude journaliere de le voir ; & son erreur prouve assez le trouble où la jettoit le mensonge qu'elle soutenoit juridiquement.

3°. Le nommé Collet, Tailleur. Il a entendu, disent les *Preuves résultantes, toute l'après-dîner compter de l'or ou de l'argent dans le cabinet de Dujonquai*, & il *a entendu cela depuis une heure jusqu'à cinq ou six heures du soir.* Mais d'abord, le bruit de l'argent, quand on le compte, ne ressemble point du tout à celui de l'or qui n'en fait point, ou du moins qui n'en fait pas un assez sensible pour être entendu hors de la piece où l'on opere; c'est de quoi chacun peut se convaincre facilement : ainsi il n'y a pas lieu à l'incertitude. Ensuite Collet est donc en opposition avec Dujonquai & Gilbert; car dans le Mémoire de 1772, page 23, Dujonquai dit qu'il n'a commencé à *travailler à son arrangement que* SUR LES DEUX HEURES; on ne peut donc pas l'avoir entendu compter depuis *une heure*. Page 23 du Mémoire on dit que Dujonquay & Gilbert n'ont travaillé que *pendant environ trois heures* à ce mystérieux *arrangement;* ils n'y ont donc pas mis *l'après-dînée entiere ?*

4°. La femme Collet vient au secours de son mari. Celui-ci a dit qu'il avoit entendu *de l'or ou de l'argent ;* la femme rafine, elle trouve une expression poétique pour fixer les idées ; elle a entendu compter un métal qui *ne sonnoit ni comme du cuivre, ni comme de l'argent;* & comme depuis que Sparte est détruite on ne fait plus de monnoie de fer, comme on n'en a jamais fait de plomb ni d'étain, reste donc que ce soit de l'or que la femme Collet a entendu. Ce rare effort d'imagination donne-t-il beaucoup de poids à sa déposition ?

5°. Enfin trois autres témoins disent aussi avoir entendu compter des especes, mais ils articulent précisément que *cela sonnoit comme de l'argent blanc ;* & les *Preuves résultantes* en concluent que cela prouve qu'*il a été compté beaucoup d'or* chez Dujonquai ce jour-là, parce que, disent-elles, *les témoins ont pu aisément se tromper sur le son, d'autant mieux qu'ils n'ont pas, suivant les apparences, une expérience en ce genre qui les mette à portée d'en bien faire la différence.* Cette froide réflexion élude-t-elle la force de l'assertion des témoins ? Mais Collet & sa femme qui ont été plus complaisans, ont-ils plus d'expérience ? D'ailleurs, on ne se méprend pas sur le son de ce qui ne raisonne point; or des louis-d'or que l'on compte sur une table ne font aucun bruit sensible; l'or est sourd par lui-même; la petitesse du volume de ces pieces est une raison de plus pour que le choc en soit moins retentissant.

Enfin il ne s'agit pas de ce que les témoins ont pu ou dû entendre, mais de ce qu'ils affirment avoir entendu ; or c'est de l'argent qu'ils ont entendu compter ; & on n'en sera pas surpris si l'on songe qu'on se préparoit à donner au Comte de Morangiés un sac de 1200 livres ; que les Verons pouvoient avoir 6 ou 7000 livres du produit de leurs contrats, & que si dès-lors ils avoient déjà formé le complot d'escroquer au Comte les billets qu'ils projettoient de se faire remettre, il étoit de leur intérêt de compter leur peu d'argent avec beaucoup de bruit, afin de prévenir le voisinage qu'ils avoient des especes, & de se ménager à tout hasard des ressources pour apprécier la probabilité de leur prêt imaginaire.

Au reste, on le voit, tout leur narré se détruit de lui-même sur la négociation, sur la numération de leur or, & il s'en faut bien que les témoins entendus au procès le rétablissent.

## §. VII.

*Troisieme preuve que la valeur des billets n'a pas été fournie : la maniere dont les Verons prétendent que l'or a été porté & livré.*

« L'or préparé & si judicieusement divisé en grands & petits » sacs, un de 600 louis pour porter sous le bras, & deux de 200 » chacun pour mettre dans les poches de sa veste *, Dujonquai se » met en marche le lundi 23, jour préfix, à sept heures du matin. » le Comte étoit aux aguets *; il l'apperçoit; il lui fait signe à » travers les croisées de monter. Arrivé, Dujonquai *veut compter* » *les sacs pour justifier son exactitude*; le Comte s'y oppose; il » dit *qu'il n'a aucune inquiétude; que d'ailleurs le sieur Dujon-* » *quai avoit bien d'autres voyages à faire, & qu'il n'y avoit pas* » *de tems à perdre* ».

* Page 23.

* Page 24.

De sorte qu'on n'ouvre point les sacs; l'un reçoit, l'autre délivre sans compter; cela s'est-il jamais vu? Dans l'usage ordinaire on prend les sacs en argent blanc des mains des hommes publics, ou des particuliers que l'on connoît, sans compter, d'abord parce que le volume en indique assez le contenu, ensuite parce que leur état inspire de la confiance, & aussi parce que le bénéfice qui pourroit se faire par une infidélité, ou l'erreur qui pourroit se commettre par mégarde, ne seroient pas assez considérables pour qu'on le redoute des mains connues & exercées à la numération. D'ailleurs, le Banquier qui se dispense de compter, pese & donne avec les sacs une note de leur poids; s'il y a erreur, en rapportant le sac & la note on en tient compte sans difficulté; de sorte que la confiance de celui qui reçoit n'a rien d'étonnant: & observez qu'il ne s'agit ici que d'argent. Quand il s'agit d'or, partout on compte, on ne s'en rapporte pas même au poids. Et ici voilà deux hommes qui ne se connoissent pas, qui donnent ou reçoivent de l'or, & qui ne comptent ni ne pesent. Dujonquai ne craint pas qu'au voyage suivant on lui dise que la livraison précédente n'a pas été exacte; le Comte n'appréhende pas qu'il y ait de méprise sur la quantité des pieces; l'un jette-là son fardeau, l'autre se hâte de le recevoir en aveugle.

Mais il y avoit des raisons pour cette confiance réciproque; Dujonquai étoit sûr d'avoir fait les sacs justes, & le Comte, comme il le dit, ne croyoit pas que l'or pût être trop-tôt arrivé chez lui. La premiere observation nous explique tout au plus pourquoi Dujonquai, dans son roman, prétend avoir passé une demi-journée à compter chez lui; il veut justifier par-là son indifférence pour la numération secondaire; mais le prétexte qu'on donne à celle du Comte est-il admissible? Quoi! par égard pour un caprice de Dujonquai, il avoit bien attendu patiemment du samedi au lundi, & il n'auroit pas sacrifié cinq ou six heures de ce dernier jour pour s'assurer si on lui remettoit exactement ce qu'il reconnoissoit avoir reçu!

Cette absurdité, jointe à toutes celles qui précedent, ne suffiroit-elle pas pour décrier sans ressource le systême dont elle fait une partie essentielle? Car si l'on avoit compté, Dujonquai n'auroit pas eu la moitié du tems qu'il lui faudroit pour ses treize voyages, & s'il n'a pas fait ses treize voyages dans le tems qu'il indique, son escroquerie est démontrée. Mais voici quelque chose de bien plus fort; sont-ce des billets que le Comte lui donne en échange des sacs qu'il lui abandonne si hardiment?

Non, ce sont des reconnoissances conçues en ces termes:

*Je soussigné reconnois que M. Dujonquai m'a apporté mille louis, dont je promets faire mon billet à Madame Veron sa grand'-mere. Signé, le Comte* DE MORANGIÉS.

Ainsi c'est sur de simples reconnoissances de cette espece que vous hasardez votre fortune, celle de votre famille! Mais d'abord, ont-elles bien existé ces étranges cautions d'un prêt de cent mille écus fait en un jour? La Tourtera votre digne appui prétend les avoir vues & lues; elle les rapporte, & ce n'est pas la même chose. Voici, dit-elle, ce qu'elles contenoient:

*Je reconnois avoir reçu du sieur Dujonquai mille louis au nom de la Dame Veron sa grand'-mere, dont je promets lui faire mes billets lorsque la somme sera complette.*

D'où vient donc cette singuliere différence? Nous l'avons déjà discutée dans l'*Examen abrégé*, pag. 3 & 4; elle suffiroit seule pour rendre suspect tout ce que l'on a dit de l'existence de ces reçus aussi inusités en eux-mêmes, aussi étonnans que tout le reste de la fable. Mais combien de réflexions se présentent pour peu qu'on daigne approfondir cet objet ! Quels traits de lumieres il en résulte en faveur du Comte de Morangiés ! Combien ce seul fait est propre à déceler l'absurdité de toute la machination qu'on lui oppose !

On ne veut pas croire qu'il ait eu l'imprudence de confier à des agioteurs obscurs des effets en papier qu'ils s'étoient chargés de négocier ; elle est cependant justifiée par l'usage, par l'exemple journalier, par l'impossibilité de faire autrement ; & l'on croiroit à celle de ces agioteurs qui auroient ainsi laissé pendant vingt-quatre heures une somme de cent mille écus en espece dans les mains d'un homme qu'ils connoissent si peu, sur le compte duquel ils avoient si peu pris d'information, qu'ils ignoroient ce que tout le monde savoit, que tous ses biens étoint en direction ?

Mais ils avoient des reçus de lui ; & qu'étoit-ce que ces reçus ? D'abord, ils n'en avoient pas de la totalité ; ils vouloient tirer de leur argent six pour cent avec le capital, cela composoit 327000 livres ; ils n'en fournissoient que 298200 livres ; le Comte, disent-ils, ne donnoit de reconnoissance que de ce qui lui étoit fourni ; la premiere, suivant eux, porte mille louis, & il en *tenoit de pareilles toutes prêtes pour les autres voyages* *. On n'a jamais dit que la derniere contînt les 425 louis d'appoint & les 27000 liv. d'intérêt ; cette circonstance auroit été cependant assez remarquable, assez décisive pour qu'on ne l'omit pas si elle avoit eu lieu. Dans le systême des Verons eux-mêmes, le Comte auroit donc eu chez lui dans l'intervalle d'un jour à l'autre la somme de cent mille écus, avec la faculté de se dispenser de payer des intérêts ? Et à qui persuadera-t-on, d'un côté, que des Prêteurs sur gages, des Usuriers qui exigeoient un bénéfice sur un emprunt de 9 livres, eussent ainsi laissé au hasard celui que devoient produire cent mille écus ? Mais, d'autre part, si le Comte avoit été de mauvaise foi, s'il avoit déjà formé dans son cœur le projet de dépouiller cette famille & de s'en approprier la fortune, auroit-il été le lendemain faire volontairement des billets où cet intérêt fût compris ? Cette seule réflexion n'est-elle pas décisive ?

* Mémoire de 1772, page 25.

Mais

Mais, dira-t-on, il n'a fait ses billets précisément que pour se ménager le moyen de faire & de dire ce qu'il fait & ce qu'il dit aujourd'hui; les reconnoissances étoient un titre sans réplique; Il n'étoit pas possible de songer à alléguer qu'elles avoient été confiées pour les négocier, comme on peut le soutenir des billets. Voilà pourquoi il a été exact à les retirer, & à y substituer des effets qui prêtassent à cette chimérique assertion.

Mais en ce cas, pourquoi attendre au lendemain? Pourquoi ne pas faire les billets sur le champ à mesure que l'or se livroit? Pourquoi cette singuliere idée de l'un, & cette patience non moins singuliere des autres, d'attendre au lendemain? Dira-t-on que des calculs ainsi multipliés auroient été trop embarrassans? Mais Dujonquai avoit vu au premier mot qu'il pourroit apporter aisément mille louis par voyage: au premier coup d'œil, n'auroit-il pas vu aussi l'intérêt que mille louis devoient rapporter pour un terme fixe? Ces échéances divisées n'auroient-elles pas été plus commodes pour le Comte dans tous les sens, & la raison de les préférer n'auroit-elle pas été mille fois plus plausible que celle qu'il donne, dit-on, pour exiger un secret absolu sur l'emprunt, & pour engager le propriétaire de cent mille écus à les lui apporter seul, à pied, en une matinée, par un tems fort chaud, à un quart de lieue de distance?

De ce que les billets n'ont été faits que le 24, & de ce que le 24 les intérêts y sont compris, il en résulte démonstrativement que le capital n'en avoit pas été remis le 23.

Dira-t-on que le gain de 27000 livres d'arrérages n'a pas paru assez considérable à un homme qui méditoit de se dispenser de restituer même le capital; qu'il affecte de livrer ses billets avec la stipulation des intérêts, afin d'éblouir les Prêteurs, de retirer plus aisément ses reconnoissances, & de se mettre en liberté de remplir son plan dans toute son étendue? Mais rien ne répugneroit davantage à la raison, à la vraisemblance, à la possibilité.

C'est supposer que le Comte auroit agi par un goût particulier pour l'opprobre, qu'il auroit cherché de lui-même à s'exposer à un éclat déshonorant, qu'il auroit préféré une voie périlleuse en tout sens, & dont le succès étoit fort incertain, au moyen tout ſimple, tout naturel, exempt de toute eſpece de riſque, qu'il auroit eu dans les mains s'il avoit réellement touché l'argent, & donné l'une ou l'autre des reconnoiſſances qu'on lui prête.

Il n'avoit qu'à attendre, ne point ſe préſenter le 24 chez les Verons, n'y plus aller du tout; qu'en ſeroit-il arrivé? Qu'ils l'auroient actionné? Pourquoi? Pour ſe voir condamner à leur reſtituer leurs cent mille écus? Ils ne l'auroient pas pu. Que portoient leurs titres contre lui à ce qu'ils diſent? Une promeſſe de faire *ſon* ou *ſes billets à la Dame Veron.* Il auroit offert de la remplir. Qu'auroient pu exiger de plus les Verons? Il auroit été le maître des échéances: il auroit été le maître de la forme de l'engagement; car, prenez-y garde, les prétendues reconnoiſſances ne diſent pas que ce ſoient des billets exigibles à terme qu'il s'engage à ſouſcrire: il n'avoit qu'à ſoutenir que c'étoit un billet à charge de paſſer contrat; ils auroient été forcés de s'en rapporter à lui: leur imprudence de la veille les mettoit à ſa diſcrétion; & s'il y avoit dans tout leur roman un ſeul mot de vrai, cette maniere de les dépouiller qui n'autoriſoit pas l'ombre d'un ſoupçon contre le Comte de Morangiés, auroit été bien plus ſûre, bien plus fructueuſe que celle qu'ils l'accuſent d'avoir priſe.

Ils ſoutiennent qu'il eſt inſolvable, qu'il n'a pas de quoi payer ſes anciens créanciers. Cette impoſture eſt détruite ſans réplique dans les Obſervations, p. 36 & ſuiv. Mais ſuppoſons que ce ſoit une vérité, c'étoit donc une raiſon de plus pour lui de ne pas craindre de contracter de nouvelles dettes. Y avoit-il rien de plus heureux que de conſtituer une rente dont il auroit été impoſſible de le forcer à effectuer le paiement? Il auroit pu dire aux Verons: Joignez-vous à la maſſe de ma Direction, ſuivez-en le ſort dans le rang de votre hypotheque. Dans quel Tribunal auroient-ils été admis à accuſer d'eſcroquerie un homme qui auroit reconnu la vérité du prêt, qui auroit offert toutes les ſûretés que la Loi autoriſe à exiger? Quels Juges l'auroient pu condamner au rembourſement avant la vente de ſes Terres? Et dans ce cas-là, n'eſt-ce pas la liquidation qui auroit fait le ſort des Créanciers? A qui les Verons auroient-ils perſuadé qu'ils avoient prêté ſans conſulter les facultés du débiteur? Et qui ne leur auroit pas répondu: il eſt malheureux pour vous d'avoir bravé le riſque de vous fier à lui; mais puiſque vous l'avez fait, il n'y a plus de remede? Ils ſe ſeroient donc tûs forcément; le Comte auroit joui de leur fortune ſans être obligé de rien nier, ou plutôt en avouant tout. Cette voie étoit ſi ſimple, ſi naturelle, que pour peu qu'il eût eu de mauvaise foi, il étoit impossible qu'il ne la prît pas.

La friponnerie elle-même, tant qu'elle le peut, prend la prudence pour guide; l'escroc le plus déterminé, pese, combine les dangers, & se décide invariablement pour le parti où le risque est le moindre quand le succès est le même. Or ici le Comte de Morangiés n'a pas pris cette voie qui s'offroit d'elle-même, ni aucune qui en approchât; il en a au contraire pris une toute opposée. Le 24 il se rend chez les Verons; il y donne des billets dans la forme qu'on lui prescrit; il reçoit 1200 liv. qui sont l'appât avec lequel on le flatte pour lui surprendre ces titres dont on médite bientôt de faire un si terrible usage; il stipule des échéances prochaines & un intérêt considérable; est-ce là, encore une fois, la marche d'un homme qui pouvoit se dispenser de payer les intérêts, ou disposer des échéances, imposer enfin la loi sur la forme & sur le fond de toute l'affaire?

Tous ces raisonnemens sont bons, diront encore les Verons; mais sur ce fait, comme sur les autres, nous avons des témoins qui répondent à vos argumens. Et quels sont-ils? Nous allons tojours d'après les *Preuves résultantes;* or on y lit * les noms de cinq témoins qui déposent avoir vu Dujonquai chargé, sortir & rentrer souvent. Ces témoins sont, 1°. la fille Chaume. Cette fille, comme on voit, est d'une grande ressource; elle a vu l'or, elle a entendu les remerciemens, elle a remarqué les voyages; elle est propre à tout, elle dépose de tout. On a déjà répondu à son témoignage.

* Pag. 25 & 26.

2°. La femme Collet, celle qui dit si joliment sur le fait de la numération que les especes de Dujonquai ne sonnoient *ni comme du cuivre, ni comme de l'argent;* elle n'est pas si délicate sur l'article des sacs: elle a vu *Dujonquai avec sa redingotte bouffante & portant sous son bras gauche un objet gros* COMME UNE BOUTEILLE DE PINTE. C'est cette comparaison qui autoriseroit à croire que la femme Collet a peu d'expérience dans ces sortes de matieres; aussi les *Preuves résultantes* n'ont pu s'empêcher d'observer qu'il y a de l'exagération, & qu'un sac de 600 louis *n'est pas si gros qu'une bouteille de pinte.* Cette remarque est bien généreuse; mais en vérité comment peut-on sérieusement s'appuyer sur un témoignage que celui même à qui il est favorable est obligé de rectifier? Ne peut-on pas en sûreté de conscience croire qu'une femme, dont les yeux grossissent si prodigieusement les objets, a une langue complaiſante, & que ſi elle a parlé d'un ſac gros comme une pinte, c'eſt qu'on lui en a promis un quelconque pour payer ſa dépoſition?

3°. On cite une Fruitiere appellée la femme Portier; elle dépoſe avoir *vu Dujonquai aller & venir toute la matinée, ayant fort chaud, portant quelque choſe de lourd avec ſa redingotte bouffante.* Et pourquoi *bouffe-t-elle?* Parce que Dujonquai *portoit le ſac de 600 louis ſous ſon bras, & par-deſſous la redingotte:* mais la Portier n'a donc pas vu le ſac; elle contredit donc la Collet qui l'a vu & jaugé. Enſuite l'attitude qu'elle ſuppoſe à Dujonquai auroit produit un effet tout oppoſé : pour ſoutenir ce ſac, il auroit fallu qu'il ſerrât le bras, par conſéquent qu'il preſsât la redingotte contre ſon corps; loin donc de *bouffer*, elle auroit paru très-juſte. Ces réflexions ſuffiroient ſeules pour infirmer la dépoſition de ces deux femmes.

Mais il y a contre celle de la Portier un fait bien plus eſſentiel, & d'autant plus eſſentiel qu'il éclaircit les ſecretes diſpoſitions du Juge du Bailliage. Cette femme emportée par l'enthouſiaſme de la complaiſance, à la confrontation, ajoute un fait dont elle n'avoit parlé ni en dépoſant, ni au récolement; elle ſoutient que Dujonquai lui avoit dit en préſence d'une autre femme du même rang (la femme Collet), *j'ai encore bien des voyages à faire pour porter mon or au Comte de Morangiés.*

Cette révélation tardive n'auroit pas été admiſſible dans l'ordre de la procédure; ce propos étoit ridicule par lui-même en le plaçant dans la bouche de Dujonquai, qui auroit ainſi découvert à une femme de la lie du peuple, ſans intérêt, ſans objet, un myſtere qu'il ne s'occupoit, dit-il, qu'à cacher, & qu'il vouloit dérober au public aux dépens de ſes propres ſueurs. Auſſi le Comte s'eſt-il élevé avec force à cette nouvelle articulation; il requit le Juge de mander à l'inſtant la femme Collet, ce qui fut fait.

Dans l'intervalle, la Portier, preſſée par le Comte & par ſa propre conſcienſe, ſe troubla; elle pâlit, & finit par ſe trouver mal. En revenant à elle-même, le premier uſage qu'elle fit de ſes forces fut pour ſe rétracter.

Que fit le Juge? Comme s'il avoit eu regret de ce que cette aſſertion lui échappoit, il dit à ce faux témoin qu'il falloit punir, que ſi elle avoit eu un peu plus de fermeté, il alloit ſur le champ faire deſcendre le Comte en priſon. Nous avons fait ailleurs les réflexions que justifie cette étrange imprudence, mais qu'il seroit affreux pour le Comte de Morangiés que son sort dépendît d'une instruction dirigée par un Juge qui en a été capable, & qu'il est étonnant que dans les *Preuves résultantes* où l'on n'a pas pu dissimuler ce fait, où l'on est forcé de l'avouer, on ose encore mettre la Portier au nombre des témoins croyables! Sa déposition & sa confrontation seront sans doute lues entieres par les Juges.

Il en reste donc deux autres de la même classe, qui disent à peu près la même chose. Elles n'ont pas été aussi zélées ni aussi imprudentes; mais quel fond pourra-t-on faire sur leur attestation, quand on en rapprochera les faits prouvés qui la démentent; la déposition de la Dame Duvelz, qui certifie avoir passé la matinée à sa fenêtre sur la rue, & n'avoir pas vu passer Dujonquai; & l'inutilité de ces prétendus voyages que la femme Douce & la femme Labie attestent? quel but auroient-ils eu? De porter l'or; & tout se réunit à prouver que l'or n'a ni été porté, ni pu être porté.

A l'égard des reconnoissances, les *Preuves résultantes* en citent trois témoins, mais les nommer, c'est les réfuter. C'est Gilbert, la Tourtera & Aubriot. Les dépositions de ces témoins, comme on l'a déjà observé tant de fois, sont arrangées avec toute l'économie possible*. A eux trois ils attestent deux faits & demi, de maniere qu'ils sont deux pour chacun. Gilbert est convaincu par la procédure; d'ailleurs il est accusé: son témoignage n'est pas recevable; & si la Tourtera & Aubriot, convaincus aussi de la plus criminelle connivence, ne sont pas décrétés, ce n'est qu'à une indulgence du même genre qu'ils en sont redevables. Si le Juge du Bailliage avoit voulu suivre la loi & l'équité, il les auroit décrétés; il avoit mille fois plus de raisons pour user envers eux de cette rigueur, qu'il n'en a eu envers les sieurs Dupuis, Debruguieres, Menager, ou les Dames Duveltz, Menager, Durand, &c. enfin envers les quatorze témoins qu'une seule contrariété avec d'autres témoins évidemment suspects lui a fait regarder comme coupables. Les Juges supérieurs réformeront sans doute cette partie monstrueuse de la procédure, & on verra alors de quel poids doivent être les assertions de l'usuriere Tourtera & du menteur Aubriot son filleul, logé avec elle, nourri par elle.

* Voy. le Plaidoyer, page 41, &c.

## §. VIII.

*Cinquieme preuve que la valeur des billets n'a pas été fournie. Conduite des Verons postérieurement au 24 Décembre 1771; Lettres de la Charmette & de Dujonquai.*

Pour consommer sûrement une escroquerie dans cette affaire, le Comte de Morangiés n'avoit qu'un seul chemin à suivre, & il ne l'a pas suivi. Pour parvenir au même but, ses Adversaires n'avoient aussi qu'une route unique, & ils l'ont prise; c'est ce qu'il faut faire voir. Ils ne cessent de rappeller qu'ils ont fait les premieres démarches, & c'est précisément ce qui les démasque. Ils ont formé les premiers l'accusation en escroquerie; c'est la preuve la plus frappante de leur complot.

Quel parti auroient eu à prendre d'honnêtes gens qui se seroient trouvés dans le cas des Verons, s'ils avoient en effet prêté une si grosse somme à un débiteur qualifié, mais insolvable, dont ils auroient accepté les billets? Pas d'autre que celui de gémir sur leur aveuglement, d'attendre en tremblant les échéances, & tout au plus d'essayer dans l'intervalle d'attendrir l'homme de condition par la pitié, de l'émouvoir par l'honneur, de le ramener par les insinuations de ses amis. Quitte envers eux jusqu'au jour du paiement, suivant l'axiome connu, *qui a terme ne doit rien*, ce n'étoit point par la voie des Tribunaux qu'on auroit pu se flatter d'en rien tirer, l'honnêteté en pareil cas auroit donc été excessivement timide: elle n'auroit eu qu'à dévorer ses larmes dans le silence; ne prévoyant pas même la possibilité d'une dénégation de la part du débiteur, elle s'en seroit tenue à des reproches secrets & modérés jusqu'au moment de faire éclater une réclamation que le défaut de paiement aux échéances auroit seul pu justifier.

Mais que devoient faire des escrocs qui n'auroient rien fourni, & qui auroient formé le complot de s'approprier des billets confiés par l'homme de qualité? Ils ne pouvoient douter qu'au premier moment où il sauroit qu'on veut se prévaloir de ses billets il n'éclatât, qu'il n'avertît la Police, que la Police ne s'émût, que la vérité ne se découvrît. Il falloit donc le prévenir: il falloit se mettre en état de se plaindre les premiers d'une escroquerie, & de poursuivre une restitution; mais comment faire?

Ils avoient entre les mains les billets ; le Comte ne disoit mot : comment accuser d'escroquerie un homme qui a tout donné, & rien reçu, un homme dont l'on tient les effets, & à qui l'on ne peut reprocher que l'excès d'une confiance imprudente ? Il falloit l'amener doucement & sans trop lui inspirer d'allarmes à nier qu'il eût en effet touché d'argent. Alors ayant qu'il ait pu faire aucune démarche, munis de ses billets & de sa dénégation, les escrocs l'attaqueront. Ils diront : voilà un homme qui veut nous voler : nons sommes les premiers plaignans ; la probabilité est pour nous, &c., & tout ce que les Verons ne cessent de répéter depuis dix-huit mois. Or voilà précisément ce qu'ils ont fait, & le plan très-fin, très-adroit qu'ils ont réalisé. Qu'on les suive dans leur marche.

Le 24 ils reçoivent les Billets. Le 25 au matin ils détachent au Comte, Monvoisin & la Courtiere Charmette à la suite l'un de l'autre, le premier pour demander le paiement d'une créance effective, la seconde pour exiger le courtage du prêt qu'elle suppose effectué. Ces deux Emissaires lui soutiennent qu'il a reçu l'argent la veille : il le nie ; on s'y attendoit bien.

La Charmette, à l'instigation de Dujonquai, comme on en offre la preuve*, affirme même qu'elle a vu de ses yeux, le 24, charger d'or le cabriolet du Comte : cette absurdité décrédite ce qu'elle auroit pu lui dire de raisonnable, comme, par exemple, que la Veron étoit la grand-mere de Dujonquai, *&c.* Le Comte l'éconduit sans s'inquiéter ; il ne peut pas croire qu'une femme aussi impudente & aussi mal instruite puisse lui dire rien de vrai. A l'égard de Monvoisin, les propos de celui-ci ne l'émeuvent pas davantage ; comme ce Marchand est un créancier, & qu'un créancier est toujours porté à croire que son débiteur a de l'argent, le Comte ne lui soupçonne pas de vues plus étendues que celles de l'intérêt ; il se contente de lui exposer la vérité ; il le congédie, & n'en reste pas moins tranquille.

* Voy. l'Examen abrégé, p. 21 & 22.

Voilà deux témoins de sa dénégation verbale, mais ce n'est pas assez, on en veut une écrite. Le soir même la Charmette lui adresse une lettre qui ne lui est rendue que le lendemain, qui nécessite une réponse. Elle le menace de le faire assigner aux Consuls, & pour l'engager à écrire sans défiance, elle lui annonce que Dujonquai parle comme lui ; qu'il nie d'avoir donné comme le Comte d'avoir reçu, mais on lui fait dire qu'elle n'en est pas duppe. Il étoit indispensable de lui faire soutenir que Dujonquai ne convenoit pas du prêt : si elle avoit parlé autrement le Comte n'auroit pas pu douter que le projet de s'approprier ses billets ne fût formé ; alors, au lieu de répondre, il auroit couru à la Police, & c'est ce qu'on ne vouloit pas.

Il étoit impossible qu'un homme honnête ne tombât pas dans le piege. Le Comte, surpris, mais sans concevoir encore aucun soupçon contre les Verons, puisqu'on lui avoue qu'ils parlent conformément à la vérité, la réitere à cette femme ; il la lui expose avec modération. Voici sa lettre ; elle est très-essentielle.

Je reçois à l'instant de votre part, Madame, une lettre que je dois excuser & mépriser, parce que vous l'avez écrite dans l'égarement de la colere la plus mal fondée ; je n'y réponds point pour me justifier, parce qu'enfin la vérité est telle que je vous l'ai dite, & je suis prêt à en faire tel serment que la Justice voudra exiger de moi ; mais c'est par charité & par un reste d'intérêt que je prends à ce qui vous regarde.

Pour la derniere fois, je vous assure & vous certifie que je n'ai reçu d'autre argent de M. Dujonquai qu'un petit prêt particulier de 1200 livres qu'il a bien voulu me faire sur un billet de cette somme que je lui ai remis en attendant que l'affaire projettée fût consommée.

Soyez bien sûre que je suis incapable de vous priver de la récompense qui vous appartiendra raisonnablement pour la peine que vous avez prise de conduire M. Dujonquay chez moi : mais s'il y a un moyen de voir évanouir vos justes espérances à ce sujet, c'est précisément celui que vous avez employé ; car si ce prêt est public avant qu'il soit effectué, il est certain qu'il n'aura pas lieu, parce que *les Prêteurs* ne veulent pas que la chose se sache, & certainement ils ne la feront pas, si le bruit en dévance par votre indiscrétion, l'exécution & la réalité ; alors vous serez privée du salaire que je promets vous donner, & je le serai par votre faute, de l'utilité de cette affaire.

Croyez-moi, contenez-vous, & ajoutez foi à la parole que je vous donne de vous récompenser raisonnablement, & à l'assurance positive que l'affaire projettée avec M. Dujonquai, n'est point terminée ; puisque je n'ai rien reçu. Je n'entre point dans le détail des reproches injustes que vous me faites ; votre lettre est une piece avec laquelle je pourrois, si j'étois tel que vous me supposez, vous faire un mauvais parti ; mais, encore un coup, je laisse tout ressentiment à part pour vous faire envisager votre tort, & vous faire sentir qu'il est de votre propre intérêt de ne point faire manquer cette affaire par votre indiscrétion. Vous avez été mal informée, & vous partez de là pour marquer des injures atroces à un homme de qualité, plein de justice, de droiture & de bonnes intentions pour vous. Ouvrez les yeux & profitez de mon avis qui est le dernier que je vous donnerai. Je suis, Madame, &c.

On

On n'a point tu en commentaires sur cette lettre dont la simplicité & la naïveté devoient seules éloigner tous les soupçons : on a été jusqu'à dire * qu'elle étoit trop honnête, & que *ce n'étoit point là le style d'un Maréchal de Camp qui n'auroit rien à se reprocher contre une malheureuse Courtiere.* Comme le tems des préjugés est passé, nous supplions les lecteurs de l'apprécier eux-mêmes, & de voir s'il y a un mot qui désigne le crime, une idée qui sente l'homme coupable ou bas.

* Preuves démonstratives, p. 129.

La Charmette y répond & continue les mêmes menaces. Le Comte, étonné de cette opiniâtreté d'une femme qui est liée avec les Verons, se transporte chez eux. Il n'y remarque aucun changement. On lui proteste qu'on se remue pour placer son papier; on fait briller à ses yeux des espérances qui calment les soupçons dont il avoit commencé à ressentir l'atteinte. Il se retire sans songer encore à ce qui se trame contre lui.

Cependant sa lettre à la Charmette étoit déjà dans les mains des Associés : on se préparoit à lever le masque, & le même jour où on lui a renouvellé des promesses si consolantes il reçoit de Dujonquai la fameuse lettre, datée du 26, à sept heures du soir, lettre où l'escroquerie est développée dans tout son éclat; mais, malheureusement pour eux, avec des détails qui ne permettent pas de la méconnoître. La voici.

« *Je n'oublie point de vous mettre la date de la présente, à Paris* » *ce 26, à sept heures du soir* ».

Qu'est-ce que cette affectation de marquer qu'il n'oublie point la date; en auroit-il écrit d'autres où le défaut de cette attention l'auroit compromis ? Des gens qui auroient été dans l'amertume & dans la douleur, des gens qui auroient tremblé de voir leur fortune dans les mains d'un homme de mauvaise foi, auroient-ils eu tant de sang-froid & de présence d'esprit ? Est-ce à la date d'une inutile plainte qu'ils auroient attaché leur succès ? Non, mais des escrocs qui ont enfin la ressource qu'ils ont desirée, qui se préparent à en faire usage, & qui mettent au nombre de ces ressources le moment où ils se déclarent, doivent affecter de peser sur les époques.

« Monsieur, il est surprenant qu'un homme de votre rang se » serve *de moyen aussi peu usité parmi d'honnêtes gens*. Je ne me » serois jamais attendu à *tous les procédés & subterfuges indignes*

» dont vous vous servez vis-à-vis des créanciers honnêtes qui vous » ont livré leur bien ».

Qu'est-ce donc que ces *procédés & ces subterfuges* ? Qu'avoit fait le Comte jusques-là, sur-tout envers ces créanciers ? Quelles démarches, quelles plaintes avoit-il hasardées contre les Verons ? Quels moyens peu usités pour les honnêtes gens, pouvoit-on lui reprocher ? Il avoit nié qu'il eût reçu l'argent ; mais, suivant les lettres de la Charmette, Dujonquai le nioit aussi. Ils étoient convenus, dit-on, de garder le secret sur leur opération. Ce desir de ne rien faire qui fût connu avoit motivé les voyages du 23, & l'inconcevable fatigue qu'avoit prise le propriétaire de cent mille écus. La nécessité de garder le silence n'avoit pas cessé en deux jours. Dujonquai, s'il avoit été de bonne foi, ne devoit donc concevoir aucune alarme de la dénégation du Comte ; bien moins se seroit-il permis de l'appeller *un procédé & un subterfuge indigne*.

« Je ne vous dissimule point, Monsieur, que je *suis porteur de* » *la lettre que vous avez écrite à Madame Charmette*, en vertu de » laquelle vous me faites passer *pour un fourbe vis-à-vis des gens* » *à qui cette femme en aura communiqué la lecture* ».

Que cet aveu est précieux & imprudent ! Comme il dévoile tout le manege de la bande d'agioteurs dont Dujonquai étoit l'organe & le prête-nom. La lettre du Comte à la Charmette avoit donc passé sur le champ dans leurs mains ? Elle est du 26 à midi ; & à sept heures ils annoncent qu'ils en sont possesseurs. Y a-t-il rien qui prouve mieux qu'elle étoit l'objet de leurs desirs, & qu'on n'avoit entretenu la sécurité du Comte jusques-là que pour se procurer cette piece, qui devoit être le fondement de tout l'édifice? Mais d'ailleurs qu'est-ce que ces termes, *en vertu de laquelle vous me faites passer pour un fourbe, &c.* qu'on la relise donc & qu'on voie s'il y a une seule phrase, un seul mot qui puisse blesser la délicatesse de Dujonquai, & l'exposer à passer pour un fourbe dans l'esprit de ceux qui la liront. Qu'on songe toujours que la Charmette écrivoit encore le matin*, qu'il nioit que la valeur des billets eût été fournie, & qu'on voie si le ressentiment qu'il marque ici n'est pas un jeu. Sur quoi est-il fondé ? Un homme honnête qui auroit en effet confié sa fortune au Comte, auroit commencé par éclaircir le motif de la dénégation ; mais des escrocs n'avoient pas besoin de le chercher. Ils le connoissoient trop bien. Ce sont précisément les éclaircissemens qu'ils devoient éviter. Ils n'avoient

* Elle a écrit le 26 une autre lettre imprimée page 120 des Preuves demonstratives, & que nous supprimons ici, pour abréger, où elle tient le même langage. Elle y dit qu'elle va faire assigner Dujonquai, la Veron, &c. & qu'elle est persuadée que *Dujonquai ne fera point un faux serment.* Cela suppose que Dujonquai nioit encore le 26 au matin.

d'autre rôle à jouer que de se fâcher, de crier bien haut qu'on les outrageoit, &c. & c'est, comme on voit, très-littéralement ce que fait Dujonquai.

. . . . . . . . . . . . . . . . . . . . . . . . . . . . . . . . .

« Réfléchissez un moment sur le service que je vous ai rendu, » & avec quelle grandeur d'ame j'ai agi vis-à-vis de vous ; vous » verrez bientôt qu'*après l'estirpation d'honneur que vous voulez* » *me faire* je n'ai pu m'empêcher, pour arrêter *un ravisseur qui* » *vient m'ôter tout ce que j'ai de plus sacré, m'empêcher de rendre* » *plainte contre vous* pour instruire M. de Sartine, que vous dites » être votre intime ami, de la conduite que vous tenez à mon » égard ; & d'après l'instruction prise par ce digne Magistrat, il ne » tardera pas à vous retirer l'amitié qu'il a pu vous vouer, pour » rendre justice à qui elle est due, & qu'il vous apprendra *à peser* » *les termes que vous osez mettre par écrit* ».

Continuation du même jeu. Où sont, encore une fois, ces termes qu'il faut peser, & que le Comte a eu tort de mettre par écrit ? Où sont ceux par lesquels il affirme qu'il n'a pas reçu l'argent ? Mais la Charmette assure que Dujonquai tenoit le même langage : il ne pouvoit donc pas s'en plaindre. Comment, depuis que ces lettres sont imprimées & mises sous les yeux du public, est-il possible que personne de ceux qui osent si légérement juger cette affaire n'ait encore pris la peine d'en faire le rapprochement. Observons encore ce qui est dit ici de M. de Sartine, & de cette plainte que Dujonquai dit faussement avoir déja rendue contre *le ravisseur qui vient lui ôter ce qu'il a de plus sacré.* Cela prouve que dès que la lettre à la Charmette leur étoit parvenue, nantis du titre qu'ils attendoient, ils avoient sur le champ, avant même que de prévenir le Comte, voulu rendre plainte : les Officiers publics s'y étoient refusés, peut-être dès ce jour-là, comme il est sûr que le Commissaire Chenon le fit le lendemain. Ceux de la Police ne voyant dans leurs sollicitations que ce qui y étoit, les précautions prises par des escrocs qui vouloient porter le premier coup de peur de le recevoir, les avoient écartés. Craignant que le Comte ne fût averti de leur démarche, ils se sont déterminés à se hasarder de l'en avertir eux-mêmes. Qui ne voit, dans tout cela, un complot formé, une combinaison suivie & artificieusement développée ?

« Vous cherchez à en pauser à une pauvre femme qui a mis » tout en usage auprès de ma famille pour vous procurer le prêt de

» 327000 liv. dont je vous ai porté 12425 louis chez-vous en treize » fois. Je ne me ferois jamais douté que vous euffiez employé tous » vos domeftiques ce jour-là hors de chez-vous pour mieux exé- » cuter votre plan ».

Dans la minute les mots qui énoncent la fomme font furchargés. On voit que le plan n'étoit pas encore arrêté, ou que le calcul étoit mal fait, & qu'on a été obligé de rectifier l'écriture du Secretaire. Mais quand on regarderoit tout ce qui précéde comme indifférent, feroit-il poffible de méconnoître la prévoyance de l'impofture à ce qui eft dit ici de l'abfence de tous les domeftiques ? Rien de plus faux d'abord. Cela eft conftant au Procès. Pourquoi donc Dujonquai hafarde-t-il cette affertion ? C'eft qu'elle étoit probable. Le 23 étoit le jour, on le fait, du paffage de la pierre de Ste Genevieve. L'appareil de ce tranfport en faifoit un fpectacle pour le peuple. Comment imaginer que les domeftiques d'un hôtel voifin de la fcene réfifteroient à la curiofité de la voir ? Dujonquai a réellement été ce jour-là une fois chez le Comte ; il peut s'être apperçu qu'il y avoit peu de mouvement dans l'hôtel. Plufieurs domeftiques pouvoient réellement être dehors au moment où il eft arrivé.

Qu'avoit-il à craindre après tout en rifquant cette affertion hardie & probable ? Fauffe, c'étoit une erreur fans conféquence. Vraie, c'étoit aux yeux des efprits frivoles un très-grand préjugé en fa faveur. Il devoit donc ne pas balancer à la hafarder, & c'eft ce qu'il a fait.

Il a pouffé bien plus loin la pénétration depuis. Il a affirmé que perfonne n'étoit venu dans toute la matinée voir le Comte. Cela s'eft trouvé à-peu-près exact, & il y a des gens, à ce que l'on dit, fur qui cette étrange preuve a fait une vive impreffion. Dabord elle eft fauffe puifque le Chevalier de . . . . déclare être venu, & que les domeftiques du Comte conviennent qu'il l'ont vu. Mais quand en effet il ne feroit pas venu, qu'en conclure ? Eft-il donc fi extraordinaire qu'un Militaire retiré, qui demeure au haut du fauxbourg St Jacques, paffe une matinée fans recevoir de vifite, fur-tout un jour où l'embarras de la rue devoit en éloigner tous les gens d'un certain état ? Les Verons ont dabord mis au hafard ce fait en avant comme celui des domeftiques, prêts à l'abandonner fi on le réfutoit. Quand ils ont vu qu'ils avoient, comme il arrive quelquefois aux Aftrologues, deviné la vérité fans le favoir, ils s'y font attachés & en ont tiré un grand parti ; mais les appréciateurs sensés réduiront cette preuve à sa juste valeur. Voyant qu'il n'est pas vrai que le Comte ait affecté de faire un désert de son hôtel en écartant ses gens, ils ne concevront aucun ombrage de la solitude où les étrangers l'ont laissé pendant une matinée.

« Je pense actuellement que *l'absence de votre Secrétaire* ne » vous a point nui. Vous avez cherché à éloigner tout ce qui » étoit dans le cas de vous porter ombrage pour la réussite de » l'entrée de nos fonds dans votre maison ».

Autre imposture. Il est prouvé que le Secrétaire du Comte est resté avec lui dans sa chambre jusqu'à onze heures. Une remarque importante, c'est que ce Secretaire qui contredit si formellement Dujonquai, & que les liaisons avec le Comte devoient rendre si suspect, n'a pas été décrété ; au lieu que le sieur Menager, la Dame Duvelz, la femme Durand, &c. l'ont été sur un bien moindre prétexte. Pourquoi ? Ne seroit-ce pas que le Juge avoit tâté les esprits ? Il ne se flattoit pas d'effrayer le sieur Lacombe par l'appareil de la procédure, ni de prendre aucun avantage sur lui dans les interrogatoires, comme il se le promettoit à l'égard des autres qu'il avoit vu plus foibles, plus indiscrets, plus faciles à embarrasser, & à déconcerter.

« Vous avez bien joué votre stratagême ; mais heureusement » pour nous, Monsieur, que j'ai les titres qui assurent la créance » de ma mere, *lesquels sont de présent déposés chez un Com*» *missaire* ».

Nouvelle preuve que le projet étoit de rendre plainte aussitôt qu'on auroit en sa possession la précieuse réponse à la Charmette. On comptoit y procéder peut-être dès le soir même, ou au plus tard le lendemain matin ; & cette phrase est encore essentielle, en ce qu'elle fait voir qu'on étoit convenu, en rendant la plainte, d'y annexer les billets. Dujonquai étoit dans cette idée ; elle justifie l'énoncé des déclarations où il affirme que *ce dépôt a été fait le 28*. Dès le 26 il croyoit qu'il devoit l'être, & que c'étoit une formalité inséparable de cette opération.

Le reste de la lettre ne mérite pas d'être discuté après tout ce que l'on vient de voir. Il n'y a de remarquable que l'assertion fausse & injurieuse que le Comte de Morangiés a *fait perdre moitié à ses créanciers*, & la grossiereté ridicule & insolente avec laquelle il s'exprime en finissant.

« Je n'oublierai point la conduite que vous tenez à mon égard ; » & j'espere que vous serez obligé, malgré tout ce que vous » puissiez faire, de convenir de la vérité, & de me réparer, & » me laisser jouir paisiblement de l'honneur que vous cherchez à » m'envahir. Je suis, Monsieur, *avec l'estime que vous méritez* ».

Encore une fois, un homme honnête, même avec des soupçons, ne se seroit pas permis cette brutalité inouie, sur-tout avant que d'avoir pris aucun éclaircissement sur la simple lettre à la Charmette ; il ne lui seroit pas tombé dans l'esprit qu'un homme de condition pût se résoudre à un vol aussi facile à démasquer ; qu'il pût avoir la criminelle idée de revenir contre des titres aussi décisifs que des billets dont la valeur auroit été fournie. Il auroit voulu approfondir le fait. Il n'y avoit que des escrocs déterminés qui pussent si promptement hasarder de semblables reproches. L'assurance avec laquelle ils affectent de croire au crime, est une preuve convaincante du leur.

Il est donc clair que toute sa conduite des Verons, depuis le 24, décele leur infidélité. Innocens, elle ne pouvoit pas leur venir à l'esprit : ce n'est que pour se ménager un moyen d'attaquer le Comte qu'ils lui font parler & écrire par la Charmette. Ce n'est que pour l'engager à répondre qu'ils lui font dire par cette femme que Dujonquai nie d'avoir donné l'argent ; car encore une fois si elle avoit dit tenir de Dujonquai que la valeur avoit été délivrée, l'escroquerie étoit avouée ; & le Comte une fois instruit, il alloit à la Police sans qu'on pût le prévenir.

Il est si vrai qu'on n'attendoit que sa lettre pour l'attaquer ; qu'elle est annexée à la plainte rendue enfin le 28 par la veuve Veron chez le Commissaire Thiery, quand, après le refus d'un de ses Confreres, & peut-être de plusieurs, il a bien voulu la recevoir. C'est pour le coup que *la face des coupables est bien à découvert*, & qu'on peut apprécier leurs procédés. Qui croiroit qu'il existe de leur crime une preuve encore plus forte, & que cette preuve est émanée de la veuve Veron, comme on va le voir ?

## §. IX.

*Sixieme preuve que la valeur des billets n'a pas été fournie, tirée de la plainte rendue par la veuve Veron, le 28 Septembre 1771.*

Sur quoi porte le procès de la part des Verons ? Sur un emprunt de cent mille écus que leur a fait le Comte de Morangiés,

& qu'il dénie. Comment articulent-ils que le prêt a été consommé? Par la remise de 298200 livres en or, faite le 23 Septembre, par celle de 1200 livres en argent blanc faite le 24, & par un présent de 600 livres fait le même jour au jeune Dujonquai. Voilà les faits qui sont la base de leurs procédures & de leurs demandes. Il ne leur est plus permis aujourd'hui de les rétracter sans s'exposer à passer pour des faussaires.

Ces faits, où ont-ils, ou du moins où doivent-ils avoir été consignés la premiere fois? Dans la plainte rendue par la veuve Veron le 28 Septembre 1771. Mais s'il se trouvoit dans cette plainte un énoncé contradictoire avec celui des Verons, si les sommes n'étoient pas les mêmes, si la grand'mere articuloit qu'il est resté pour le lendemain un appoint plus fort à donner au Comte, si elle affirmoit qu'il a fait à Dujonquai un présent plus considérable; sans doute il ne seroit plus possible d'ajouter foi aux assertions de la mere ni à celle des enfans. Confondus par leur contradiction, convaincus d'une imposture criminelle par la différence de leurs énoncés, il ne resteroit plus qu'à examiner de quels châtimens ils sont dignes. La Justice n'auroit plus à balancer que sur le choix de leur peine.

Or cette contradiction existe. Dans la plainte de la veuve Veron, elle déclare qu'après le paiement du 23, il restoit à faire au Comte une remise de 2000 livres, & qu'il a fait à Dujonquai un cadeau de 800 livres. Après cela qu'on juge où sont les coupables.

Dira-t-on que c'est une méprise de la part de la vieille, & une méprise sans conséquence; qu'elle énonce exactement le montant de la principale somme portée en or, de 12425 louis, & qu'elle a pu innocemment se tromper sur l'appoint du lendemain? D'abord si c'étoit une méprise, ce seroit un malheur, mais il seroit irréparable. Il n'y a aucune raison qui puisse faire croire à la Justice que la Veron n'a erré que sur l'article des 2000 livres & des 800 livres. Sa négligence ou sa prévarication peuvent avoir enflé la grosse somme de même que les petites. Elle peut s'être trompée en disant qu'on avoit remis la veille 12425 louis, comme en affirmant que le Comte de Morangiés a donné le lendemain 800 livres à son petit-fils. Sa plainte démontrée fausse en un article, devient caduque dans tous les autres, sur-tout quand cette fausseté influe sur le fonds. Il s'agit d'une somme qu'elle répete, & les subdivisions dont elle la forme en composent une plus considérable. C'est donc une chimere que toute sa répétition ; & celle de ses enfans, qui n'en est que la continuation, est insoutenable.

Mais ensuite ce n'est pas une seule méprise : il y en a deux ici ; elle s'oublie sur la totalité de l'appoint qu'elle fait monter à 2000 livres, & sur la quotité du présent reçu par son petit-fils qu'elle fixe à 800 livres ; cependant dans les Plaidoieries, auxquelles elle dit en mourant *qu'elle a assisté*, dans le Mémoire imprimé en 1772, qui contient les Plaidoyers rectifiés, on l'a introduite, p. 27, disant au Comte, le 24 Septembre, *qu'il devoit être bien content d'elle, puisqu'elle lui avoit fourni tout en or*, A L'EXCEPTION DE DIX-HUIT CENS LIVRES, & le Comte lui répond, *non Madame, ce n'est que* 1200 *livres que je fais emporter, car j'ai fait présent de* SIX CENS LIVRES *à M. vôtre petit-fils*. Ou cet article du Mémoire est faux, & alors quelle foi avoir à tout le reste ? Ou la veuve Veron savoit à merveille qu'il n'étoit dû *que* 1800 *livres*, & que la générosité du Comte n'en retranchoit *que* 600 *livres* pour le Porteur zélé qui s'étoit échauffé la veille à lui porter tout son or ; & en ce cas, comment avoir le moindre égard à sa plainte, si ce n'est pour en tirer la preuve de l'imposture?

La vieille n'auroit pu se méprendre innocemment sur un semblable article, que par une excessive foiblesse d'esprit : mais alors quel préjugé contre ses démarches, & sur-tout contre son testament! Celle dont la tête auroit ainsi confondu les objets quand elle se portoit bien le 28 Septembre 1771, auroit-elle conservé le 6 Avril 1772, après une maladie longue & douloureuse, la force d'esprit nécessaire pour dicter avec tant de précision un acte rempli de clauses délicates & de déclarations variées ? Comment faire fond sur ce qu'elle y dit des cent mille écus prêtés au Comte, & des 200000 livres avancées à son gendre, & de toutes les affirmations qu'elle y réitère ? Elle étoit plus forte, plus à elle en santé qu'en maladie : or, en santé elle s'est évidemment, matériellement trompée. Pourquoi n'auroit-elle pas également commis dans son lit des inadvertances, & attesté des mensonges ?

La méprise de la plainte est d'autant plus frappante, que l'énoncé de 2000 livres y est répété plusieurs fois. Ce n'étoit donc pas une faute passagere, un oubli momentané ; c'étoit bien un dessein formel de la part de la vieille de spécifier ces sommes ; & dès qu'elles ne quadrent ni avec sa propre déclaration, ni

avec

avec celle de ses enfans, il s'ensuit que le tout est un roman sans vérité; il est clair que la malheureuse femme avoit oublié son rôle : on lui avoit bien répété ce qu'elle devoit dire sans doute : on lui avoit bien des fois réitéré sa leçon ; on la croyoit instruite. La providence a permis qu'elle se troublât en la débitant, & qu'après sa mort il existât d'elle un démenti sans replique donné à la manœuvre criminelle, dont on l'avoit forcée d'être la complice pendant sa vie.

Cette preuve n'est pas du genre de celles qu'on élude avec des mots & des mensonges. On cherchoit un titre écrit émané de la part de la veuve Veron, pour autoriser à se pourvoir par la preuve testimoniale contre des billets faits à son profit. Le voilà.

Dira-t-on qu'il est anéanti par l'Arrêt du 11 Avril 1772, qui déclare cette plainte nulle & illusoire ? Du moins n'est-ce pas à des Juges qu'on oseroit présenter une semblable réponse. Cette plainte anéantie, quant aux effets qu'elle pouvoit produire contre des tiers, subsiste en son entier quant aux indices qui peuvent en résulter contre ses auteurs ; sans quoi la maladresse d'un criminel lui seroit salutaire, & un faussaire qui auroit le bonheur de commettre une nullité dans l'acte qu'il auroit fabriqué, se soustrairoit à la punition par sa malhabileté même. Ce ne seroit pas sérieusement qu'on nous objecteroit une pareille réfutation.

La plainte de la Veron subsiste en son entier aux yeux de la Justice pour les renseignemens qu'elle peut offrir sur le fait qu'il s'agit ici d'éclaircir. Or le fait est de savoir si réellement il a été remis au Comte une somme qui laissât le lendemain 1800 livres à donner pour completter celle qu'il attendoit. La veuve Veron atteste, & plusieurs fois, qu'il restoit encore 2000 livres. Ses enfans affirment qu'il ne restoit que 1800 livres. L'assertion totale est donc fausse, & tout le système de cette femme & celui de ses enfans, dépouillé de l'apparence imposante que l'art lui a donné jusqu'ici, n'offre plus que le squelette hideux d'une friponnerie dont il faut au plutôt purger la société.

Le secret impénétrable où est toujours restée pour nous la procédure, nous a privés jusqu'ici de cette preuve essentielle, décisive, après laquelle il ne reste rien à examiner : un hasard heureux nous en a procuré la connoissance ; mais comment est-il possible qu'elle ait échappé jusqu'ici à tous les yeux qui ont dû par devoir approfondir l'inſtruction, à toutes les mains qui l'ont feuilletée ? Comment le Miniſtere public n'en a-t-il point fait uſage ? Il doit être le protecteur des Accuſés innocens, & tirer de la nuit du Procès les indices favorables que la rigueur de notre Juriſprudence leur cache. Comment a-t-il gardé un ſilence ſi obſtiné ſur cette piece précieuſe ? Comment après l'avoir vue, le Procureur du Roi du Bailliage a-t-il pu conclure à des peines afflictives contre le Comte de Morangiés, & les Juges du Bailliage le déclarer atteint & convaincu, &c. ? C'eſt un myſtere où nous nous perdons. Nous ſupprimons nos réflexions ſur cette triſte fatalité ; & nous nous en rapportons à la ſagacité des Juges ſupérieurs, pour celles qu'une ſemblable négligence ne peut manquer de faire naître dans leur eſprit.

Mais nous ne pouvons en ſupprimer une que le procédé de nos Adverſaires juſtifie. Avec quel orgueil juſqu'ici n'ont-ils pas oſé répéter ſans ceſſe les reproches de mauvaiſe foi contre les Plaidoyers & les Ecrits qu'on leur oppoſoit ! Avec quel art n'ont-ils pas répandu dans le monde, & perſuadé même pendant un tems, que la défenſe du Comte de Morangiés n'étoit qu'un jeu d'eſprit de la part de ſon Défenſeur, ou la ſuite d'un dévouement criminel, d'une chaleur allumée par les rayons impurs d'un or infecté lui-même ! Ils ont été juſqu'à imprimer que celui-ci *ſeul s'étoit oppoſé à un arrangement réſolu par la famille*. Qu'on juge donc à préſent à qui ſont dues ces indignes qualifications ? La plainte de la veuve Veron étoit néceſſairement ſous les yeux de tous ceux qui les ont haſardées. C'étoit la piece eſſentielle à leur communiquer. Tous la citent ; tous l'ont donc vue, & tous à cet aſpect, au lieu de rendre hommage à la vérité, ne ſe ſont occupés qu'à polir, à perfectionner le roman deſtiné à l'étouffer.

Il y a plus : tous y ont lu cette articulation préciſe, que le 24 à dix heures, le Comte de Morangiés envoya ſon Laquais avec une lettre, *où il demandoit les 2000 livres ;* & page 26 du Mémoire de 1772, ſigné Vermeil, on lit cette même lettre qu'on ſuppoſe conçue en ces termes : *Je vous prie, Monſieur, de remettre au Porteur les* 1200 *livres. Je ſuis, &c.* Ou ce court billet porte 2000 livres comme l'affirme la vieille, & alors quel eſt le fauſſaire qui l'a altéré ? Ou il n'y a que 1200 livres, & alors nous demanderons au Défenſeur s'il l'a vu en original ou s'il l'a adopté ſur une copie : s'il a vu l'original, pourquoi ne le produit-on pas au Procès ? Et si c'est une copie qu'on lui en a remise, comment a-t-il pu y avoir la moindre confiance, dès que la plainte du 28 le dément aussi formellement ? Nous nous contenterons de cette observation qui suffit & au-delà à notre vengeance. Mais si dans tout le cours de la Cause, la défense du Comte de Morangiés nous avoit présenté la cent millieme partie d'une semblable difficulté, il y a long-tems qu'il ne recevroit de nous que des marques du plus profond mépris, & que son zélé Défenseur seroit son plus cruel ennemi.

## §. X.

*Réponse aux objections tirées par les Verons de l'inaction supposée du Comte, après le 24 Septembre, & d'un bordereau signé de sa main le même jour, &c.*

S'il y a jamais eu une escroquerie démontrée, c'est assurément celle des Verons. Jamais ils n'ont eu en leur possession cent mille écus; jamais ils n'ont pu les avoir.

Ils ne les ont pas eu. Personne n'a eu d'indice de ce prétendu trésor. On n'en a apperçu que de leur misere. Chassés de Paris par le besoin; ramenés à Paris par l'indigence; voyageant par les commodités que l'économie opulente peut préferer, mais que l'économie prudente auroit tremblé de choisir; puisqu'elle les exposoit à perdre toute leur fortune dont ils disent qu'ils s'éloignoient; réduits à envisager un métier odieux, flétrissant, comme leur unique ressource, & à sacrifier, pour s'y faire initier, la moitié du capital infiniment modique qui leur restoit *; vivant sans meubles, dans la crapule; n'ayant d'autres amis, d'autres connoissances, de leur aveu, que des usuriers, des cochers & des libertins; élevant leurs enfans sans éducation, poussant la négligence sur cet article à l'excès, dont les lettres de Dujonquai portent la preuve; il est clair qu'ils n'étoient pas propriétaires d'une somme qui leur élevât le cœur & les enhardît à espérer de pousser ce jeune homme dans la Magistrature. Plaisant noviciat pour ce genre d'exercice, que ceux auxquels Dujonquai passoit son tems!

* Voyez ci-devant, page 4.

Ceux qui disent que l'obscurité n'est pas un obstacle à la possession d'un trésor, que souvent on voit des avares jouir d'une richesse inconnue que leur mort seul révele, ont raison : mais d'abord il y a toujours quelque soupçon caché qui les décele ; on connoît leur goût & leurs succès : sans savoir en détail ce qu'ils possédent, on le devine : l'or comme les parfums se trahit quelque part qu'il soit, & dans l'état le plus obscur un homme qui en posséde beaucoup, passe bien rarement pour pauvre.

Mais les riches clandestins dont on pénetre le secret, & ceux qui parviennent à le déguiser jusqu'à la fin de leurs jours, n'ayant pour chérir cette mystérieuse obscurité d'autre raison que la crainte de se voir arracher l'objet de leur amour, se gardent bien de le placer ; ils le conservent en masse ; ou si l'espérance de l'accroître les engage à s'en dessaisir, ce n'est qu'avec des précautions excessives. Jamais les sûretés ne sont assez bien prises. La caution de l'univers les rassureroit à peine ; & ici les Verons qui imitent, dit-on, leur richesse & leur attachement, n'ont rien de leur défiance. Dans des tems malheureux où les caisses les plus renommées éprouvent du discrédit, ils confient à un étranger cent mille écus avec plus de légereté qu'un ami ne prête cent pistoles à l'ami qu'il chérit le plus. Ils ne prennent pas même d'information sur leur débiteur ; ils tremblent qu'on ne leur fasse pas la grace d'accepter leurs especes. L'héritier porte le dévouement au point de les voiturer lui-même, seul, en personne, à pied ; il les abandonne sur de simples reconnoissances qui ne stipulent ni l'intérêt, ni le terme de la restitution, ni le genre de sûreté ; & pour comble d'inconséquence, quand au Procès ils veulent rappeller ces reconnoissances, ils tombent dans une contradiction manifeste avec un témoin corrompu qui veut les secourir. Ils n'ont donc jamais eu l'or.

Ils n'ont pas pu l'avoir. Les trois seuls témoins qu'ils citent, pour attester cette possibilité, sont morts. Des trois, deux dont l'opulence, disent-ils, a fait la leur, sont morts insolvables : Veron & Chotard. Le troisieme qui en a été le confident & le dépositaire, a laissé dans ses papiers une preuve manifeste, que l'insolvabilité de Veron étoit le seul héritage qu'il eût pu laisser à ses successeurs. Tout leur roman à cet égard est ridicule & contradictoire.

Ne l'ayant pas eu cet or, ne l'ayant pas pu avoir, ils ne l'ont donc jamais porté au Comte de Morangiés. Les preuves du transport qu'ils donnent sont mendiées & insuffisantes. Leurs témoins décélent par l'absurdité de leurs dépositions l'imposture dont ils sont les organes : eux-mêmes par le plan auquel ils se sont astreints, par la marche qu'ils ont suivie, par les lettres qu'ils ont écrites, découvrent le fond de leurs espérances, & administrent des preuves concluantes de leur crime. Enfin, la veuve Veron sortant du tombeau, pour ainsi dire, en ce moment, vient les démentir de la maniere la plus formelle. Un monument authentique signé de sa main, & dont le secret où ils l'ont renfermé les a encouragés à abuser, porte la réfutation sans replique de tous leurs mensonges.

D'après cela peut-il subsister quelque doute sur l'innocence du malheureux Comte de Morangiés? Quand on appercevroit encore quelque obscurité, quelque incertitude sur certains points du Procès, indifférens en eux-mêmes, ou dont le premier Juge s'est obstiné à refuser de chercher l'explication, le fond en seroit-il moins clair, moins palpable dans tout le reste? Un axiome de philosophie dit, que quand on apperçoit l'evidence, une difficulté qui n'est pas détruite ne doit pas empêcher d'y croire. Or ici l'évidence est du côté du Comte, & accable ses Adversaires. Les ressources que l'art ou l'infidélité leur auroient ménagées, des difficultés exagérées, des incertitudes chimériques pourroient-elles être un obstacle à l'effet qu'elle doit produire? ...Et quelles sont-elles, ces dernieres ressources d'un désespoir impuissant, d'une imposture confondue? C'est l'inaction du Comte depuis le 24 jusqu'au 30 Septembre : c'est un bordereau écrit de sa main le 24, où il déclare qu'*il ne remettra ses billets que quand il aura reçu son argent en especes sonnantes.* Détruisons-les donc.

La premiere ne sera pas difficille à anéantir: elle l'est par le fait même. Nous avons prouvé que jusqu'au 26 au soir, le Comte n'avoit pu ni dû agir, & nous avons développé l'adresse avec laquelle les Verons avoient tendu le piege qui le mettoit dans l'impossibilité de se mouvoir; redevenu libre le 26 au soir, il a agi le 27. Il a vu le Magistrat de la Police. Il y a été vu de plusieurs personnes du plus grand poids *; le Magistrat lui-même ne le désavouera pas. Le 28 il lui a remis le Mémoire qu'il avoit composé dans l'après-midi du 27. Le 29 les ordres ont été donnés

Voyez l'examen abregé page. 22.

de prendre des éclairciſſemens ſur la conduite des Verons, & le 30 c'eſt d'eux-mêmes qu'on a voulu les recevoir. Y a-t-il là un moment de perdu ?

Que deviennent maintenant les déclamations tant de fois & ſi audacieuſement débitées ſur le rapport qu'il y avoit entre la détention des Verons le 30 par le miniſtere de la Police, & la ſaiſie-revendication qui devoit ſe faire le lendemain premier Octobre chez le Comte ſur la permiſſion de M. le Lieutenant Criminel ? Le Comte, a-t-on dit, en avoit été inſtruit ; c'eſt pour cela qu'il s'eſt remué : ce n'eſt que dans ce moment qu'il a corrompu les Inſpecteurs, le Procureur, le Commiſſaire (on n'a oſé aller plus loin), pour expoſer les Verons à une queſtion capable de leur arracher des armes contre eux-mêmes.

Rien n'eſt donc plus faux, puiſque l'ordre d'approfondir l'affaire étoit déjà émané de la Police avant l'Ordonnance de ſaiſir ſurpriſe au Châtelet. Et ſi ce n'eſt pas là une preuve, où faut-il la chercher ?

A l'égard du bordereau, on n'en a pas fait moins de bruit. Le parti que l'on en a tiré a été au point même d'éblouir beaucoup d'auditeurs ou de lecteurs inconſidérés, qui ſe ſont imaginés que c'étoit un aveu formel du Comte reſté dans les mains des Verons & produit par eux. Mais d'abord, c'eſt lui qui l'a produit & l'a fait annexer au procès : ſi ce n'eſt pas un indice de ſa bonne foi, ce ne peut pas non plus en être un de ſon infidélité.

Au reſte, que porte-t-il ? Le voici :

| | | |
|---|---|---|
| Au premier Avril 1772 | 9000 liv. | intérêts. |
| Au premier Octobre 1772 | 9000 | intérêts. |
| Au premier Avril 1773 | 9000 | intérêts. |
| Au premier Octobre 1773 | 9000 | intérêts. |
| Au premier Avril 1774 | 9000 | intérêts. |
| Au premier Octobre 1774 | 109000 | intérêts & tiers du capital. |
| Au premier Avril 1775 | 6000 | intérêts réduits d'un tiers. |
| Au premier Octobre 1775 | 106000 | intérêts & ſecond tiers du capital. |
| Au premier Avril 1776 | 3000 | intérêts réduits de deux tiers. |
| Au premier Octobre 1776 | 103000 | intérêts & fin du rembourſement. |
| Total....... | 372000 liv. | |

Je ſouſſigné promets *de remettre mes* billets au porteur ou ordre aux échéances, & des ſommes ſuivant le tableau ci-deſſus, lorſque la ſomme de trois cent mille livres me ſera réellement comptée & remiſe en eſpeces ſonnantes, le ſurplus du montant des billets étant pour les intérêts dus *aux prêteurs*, à raiſon de 6 pour cent, ſuivant les conventions que j'ai acceptées, & que j'accepte par le préſent écrit. A Paris ce 24 Septembre 1771. *Signé*, le Comte DE MORANGIES.

1°. Il eſt donc queſtion-là d'un autre emprunt que de celui qui a pu motiver les billets dont il s'agit aujourd'hui, qui ne montent qu'à 327000 livres payables en quatre termes à deux ans; la ſomme & les échéances ne ſont pas les mêmes; il ne prouve donc pas la réalité du paiement ſuppoſé ici.

2°. S'il étoit permis d'en tirer quelque induction, ce ſeroit que le paiement n'avoit donc pas été effectué la veille; puiſque le 24 le Comte promettoit de remettre ſes billets quand on lui auroit fourni les eſpeces? Croiroit-on comment les Verons répondent à cette objection? Le bordereau n'eſt pas du 24, diſent-ils, parce que l'or avoit été délivré le 23. Mais c'eſt donner pour preuve ce qu'il s'agit de prouver. Nous répliquons: l'or n'avoit point été délivré le 23, puiſque le lendemain le Comte ne parloit de cette livraiſon que comme d'un objet à venir; & d'après tout ce qui précede il eſt aiſé de voir lequel des deux raiſonnemens eſt le plus conſéquent.

3°. Une autre preuve que cette piece adminiſtre, c'eſt que le Comte avoit deſſein de faire des billets négociables: il s'engage à remettre *ſes billets au porteur ou ordre*. A quelque date qu'on place le bordereau, voilà un énoncé précieux. S'il eſt du 23, comme les Verons le prétendent, contre la vérité; s'il faut y ajouter foi, comme ils le veulent, & nous auſſi, les billets étoient de vrais effets de commerce; & alors que devient toute la diſcuſſion profonde des *Preuves réſultantes* (page 17), où l'on diſtingue ſi ſavamment les billets où le nom *eſt mis en blanc*, de ceux où il eſt appoſé en noir?

Ce fait eſt bien eſſentiel. Les Verons n'ont ceſſé de dire & de redire que les billets du 24 devoient reſter dans les mains de la Veron; qu'ils étoient faits à ſon profit comme en étant la propriétaire directe; qu'ils ne ſont point dans une forme qui pût autoriſer à les négocier; que la mention faite dans la déclaration *d'une Compagnie pécunieuſe*, dont la vieille ne devoit être que le prête-nom, n'eſt qu'une chimere. Voilà un énoncé qui la conſolide. Le Comte vouloit faire des billets au porteur *ou ordre* : dans ſon idée ils devoient donc être ſuſceptibles d'être négociés. Cette vérité eſt encore confirmée par la lettre du Comte, du 26, où en parlant de la remiſe des fonds, il dit qu'elle n'aura pas lieu ſi la Charmette en divulgue le projet, parce que *les prêteurs ne veulent pas que la choſe ſe ſache. Les prêteurs !* Ce n'étoit donc pas la veuve Veron ſeule à qui le Comte croyoit avoir affaire ? Il étoit donc bien perſuadé qu'il traitoit ou qu'on traitoit pour lui avec une Compagnie. Les déclarations ſont donc vraies.

4°. Mais le Comte y déclare qu'*il ne remettra ſes billets que quand il aura reçu la ſomme en eſpeces ſonnantes.* Les billets ſont remis : donc il a reçu la ſomme. Cette objection eſt la plus ſpécieuſe de toutes celles que les Verons ont pu faire ; mais à l'examen elle s'évanouit bientôt. D'abord, c'eſt le Comte de Morangiés qui a produit la piece : obſervation très-eſſentielle. S'il avoit en effet touché l'argent, auroit-il commis cette indiſcrétion ? Un homme fin, adroit, comme on le repréſente, & ſur-tout habitué au vil manege dont on l'accuſe, auroit-il été aſſez aveugle pour ne pas voir qu'un pareil monument portoit témoignage contre lui ? N'en auroit-il pas été averti par ſon propre cœur ? Il échappe ſans doute quelquefois aux ames corrompues des inadvertances qui les perdent, mais ſont-elles de ce genre-là ? Et ce qui feroit un excès d'imprudence incroyable de la part d'un homme coupable, ne devient-il pas une démarche toute naturelle de celle d'un innocent ?

Il a compté, dit-on, ſur la date ; il n'a fait attention qu'à l'avantage qu'il auroit à montrer un écrit du lendemain pour prouver que l'or ne lui auroit pas été porté la veille, & c'eſt ce qui lui a dérobé le danger de l'énonciation précédente. Mais cela peut-il ſe ſuppoſer ? Quel eſt l'homme aſſez ſtupide pour ſe flatter qu'on fera plus d'attention en Juſtice à une date qu'il a été le maître de placer, qu'à une ſtipulation préciſe, claire qui dépoſe contre lui ? Les Verons étoient les maîtres de nier la juſteſſe de la date : le Comte ne l'étoit pas d'éluder les conſéquences que préſentoit l'énoncé du bordereau ; & s'il avoit eu quelque choſe à ſe reprocher, ces conſéquences lui auroient paru bien plus terribles que la tranſpoſition de la date ne pouvoit lui paroître favorable ;

favorable ; quel plus heureux indice de sa bonne foi que la confiance avec laquelle il présente une piece qui l'accabloit, pour peu que les Verons fussent fondés ?

Et ce n'est pas dans le premier moment qu'il a déposé ce bordereau, ce n'est pas dans l'instant d'un premier trouble où la précipitation nécessite quelquefois des méprises qui démasquent le crime ; c'est le 4 Octobre, en faisant sa dénonciation ; par conséquent c'est de sang-froid, c'est à tête réfléchie, c'est après avoir bien combiné les circonstances & les effets, qu'il s'est déterminé à ce dépôt : donc il n'y a rien vu de contraire à ce qu'il attestoit chez l'Officier public à qui il le remettoit : donc réellement sa conscience ne lui reprochoit rien.

Mais il en résulte qu'il savoit bien qu'il ne falloit pas confier des billets sans en exiger une reconnoissance ; pourquoi donc a-t-il fait le contraire ? Le même raisonnement que nous venons de faire s'applique encore ici. Il seroit si étrange, il seroit si ridicule qu'en affirmant qu'il a donné ses billets sans reconnoissance, il eût fourni lui-même la preuve qu'il ne vouloit pas les donner sans cette précaution, que s'il étoit criminel, il seroit encore plus fou.

Mais ensuite, le Comte de Morangiés n'a jamais nié qu'il ne sût qu'il étoit prudent d'exiger des reconnoissances quand on confioit des billets à des agens pour les négocier ; il a même spécifié dans sa dénonciation que c'étoit son dessein ; il a dit qu'on lui avoit fait perdre de vue cette précaution importante ; & l'indifférence qu'il a montrée sur cet article, il l'a justifiée par l'usage habituel du commerce, par celui où sont tous les Banquiers, Marchands, &c. & autres qui se mêlent de la négociation des effets, & plus encore par la nécessité où se trouvent tous ceux qui ont recours à des usuriers. Cette indifférence a subsisté le lendemain & le sur-lendemain, malgré les inquiétudes qui se présentoient à son esprit, parce que d'une part, on faisoit tout ce qu'il falloit pour les dissiper, & que de l'autre, il n'étoit plus tems de réparer cette omission. Si les Verons étoient fideles, la demande tardive d'un reçu pouvoit les indisposer ; s'ils ne l'étoient pas, elle étoit inutile ; ils ne s'y seroient pas rendus : le premier instant manqué, il n'y avoit donc plus d'autre parti que d'attendre.

Mais comment s'oublier dans cet inſtant? Ah, comment? Eſt-ce donc la premiere fois que l'on projette une choſe & qu'on ne la réaliſe pas, qu'on varie ſur la réſolution la plus fermement priſe? Si le Comte avoit eu des ſoupçons, il ſeroit inexcuſable; mais n'ayant que de la confiance, ſon oubli n'a plus rien de ſurprenant. Il eſt fâcheux ſans doute; mais eſt-il plus ſingulier que celui de la veuve Veron, qui ſe plaignant le 28 Septembre d'une eſcroquerie de cent mille écus, ſpécifie pluſieurs fois *300 200 livres?* Cette imprudence eſt-elle plus révoltante que celle des Verons, qui allant de Vitri-le-François à Nogent par une charrette, & de Nogent à Paris par le coche, envoient leur cent mille écus par un Roulier, & les confient à ce Voiturier inconnu, ſans déclaration, ſans reçu, ſans autre précaution que de les ſerrer dans un grand coffre avec de la batterie de cuiſine? Cette facilité à ſe diſtraire d'un objet important eſt-elle plus extraordinaire que celle de Dujonquai, qui, après avoir pris une ſi prodigieuſe peine pour ſe débarraſſer de ſon or, dans l'eſpérance de s'en aſſurer l'intérêt à ſix pour cent, l'abandonne ſur de ſimples reconnoiſſances, qui non-ſeulement ne fixoient aucun terme pour le remboursement, mais même excluoient toute demande d'arrérages, pour peu que le prétendu débiteur eût de mauvaiſe foi?

Suppoſons que de part & d'autre on cite des chimeres pareilles, que l'on s'arme d'une abſence d'eſprit également inconcevable, au moins on n'en reproche qu'une au Comte de Morangiés, & elle eſt juſtifiée par tout ce qui peut la rendre probable. En voilà trois échappées aux Verons, toutes graves, toutes extravagantes, ſi elles ſont vraies, toutes impoſſibles à croire de quelqu'un qui n'a pas perdu la raiſon. Le Comte auroit donc encore ſur eux, même à cet égard, un prodigieux avantage. Qu'on repaſſe maintenant tous les autres articles, qu'on voie quelle y eſt ſa ſupériorité; & qu'on oſe encore balancer.

Que reſte-t-il à lui reprocher? Sa conduite perſonnelle? Elle eſt irrépréhenſible dans tout ce qui conſtitue l'homme d'honneur; nous en atteſtons tous les Officiers qui ont ſervi ſous lui & avec lui; nous en atteſtons le Régiment entier qu'il a eu l'honneur de commander long-tems. Il n'a ceſſé d'y donner les preuves les moins ſuſpectes de déſintéreſſement & de générosité; les nuages qu'on a essayé d'élever sur sa probité, ne sont que des calomnies affreuses; l'examen les a tous fait évanouir.

Son dérangement? le désordre de ses affaires? Il ne nuit à personne qu'à lui. Si la trop grande facilité en ce genre étoit un crime, ou autorisoit les soupçons, combien de coupables, combien d'hommes honnêtes seroient compromis? Des dettes sont-elles toujours la preuve d'un cœur corrompu? Qu'on remonte à la source de celles du Comte, on verra qu'elles sont nées au service; si cette source est ruineuse, au moins n'est-elle pas impure *.

L'état de ses biens mis en direction? Jamais peut-être il n'y a eu de preuve plus sensible de sa délicatesse; il a pour 1,500,000 livres de biens au moins, & pour 400,000 livres de dettes au plus, dont partie venant de succession. On le menace d'une saisie-réelle; intimidé par la crainte de ces poursuites dévorantes, il s'arrange avec ses Créanciers; il leur assure le capital, les intérêts & les frais; il leur remet à eux-mêmes le gage de leurs créances; c'étoit une imprudence énorme sans doute, puisque l'année d'après son contrat, une seule sous-inféodation de partie d'une Terre lui procure cent mille écus *; sans les frais de direction, il seroit donc déjà quitte aujourd'hui. Mais cette imprudence annonce-t-elle autre chose qu'un bon cœur, & un homme trop facile en affaires?

Enfin seroit-ce son insolvabilité dont on oseroit persister à tirer des inductions désavantageuses? Elle est détruite, & par des pieces convaincantes; on l'a dit, on l'a prouvé, pag. 36 des Observations. Il ne reste plus, pour achever de libérer ses biens, qu'une très-modique avance à faire, & elle va être consommée par une contribution de ce qu'il y a de plus grand, de plus illustre, de plus respectable en France; bienfait dont les circonstances augmentent le prix; secours flatteur bien moins par le soulagement qu'il lui procure, que par sa justification qui en résulte. Il est donc absous par son Ordre qui consent à l'avoir pour débiteur. Est-ce d'un criminel avili que la Noblesse Françoise voudroit devenir créanciere? Quoi de plus glorieux, de plus consolant pour le Comte que de voir, d'une part, une portion de cette Noblesse généreuse s'émouvoir au fond d'une Province pour attester hautement l'idée qu'elle a de son innocence, & de l'autre, ses Chefs se réunir dans la Capitale pour dégager son patrimoine? Quel puissant contrepoids aux humiliations dont il a jusqu'ici si injustement été

* Voyez à ce sujet les pag. 36 & suiv. des Observations.

* Cela est prouvé par acte devant Notaires. Voyez les Observations, pag. 37.

chargé ! Il eſt innocent, rien n'eſt plus clair. Comment donc a-t-il pu être conduit dans cet abîme de douleur & d'opprobre où il eſt plongé ? Par une procédure inique autant qu'effrayante. C'eſt ce qui nous reſte à prouver.

## TROISIEME PARTIE.

*De la Procédure & de la priſe à Partie.*

Sur cet article nous ſommes obligés de nous reſtreindre quoique les idées & les preuves ſe préſentent en foule. La proximité du Jugement ne nous permet pas de nous livrer à une diſcuſſion étendue. Des raiſons particulieres, qu'il ſeroit aujourd'hui dangereux de publier, & qui trouveront pourtant leur place dans la ſuite, la raccourciront encore.

D'ailleurs nous n'avons ici que deux objets à obtenir, l'infirmation de la Sentence du Bailliage, & la permiſſion de prendre le Juge & le Procureur du Roi de ce Siege à partie. Le premier point, ce qui précéde établit qu'il eſt impoſſible de nous le refuſer. Pour réuſſir quant au ſecond, nous n'avons beſoin que de préſenter des faits : quand la preuve en ſera admiſe & complette, c'eſt alors que nous examinerons la procédure dans ſon enſemble, & qu'on verra combien ſont coupables les mains qui l'ont dirigée.

Mais ces faits avez-vous le droit, nous dit-on, de les préſenter en ce moment ? N'eſt-ce pas anticiper ſur une permiſſion que vous devez attendre ? Il vous faut un Arrêt pour oſer parler ainſi ; & cet Arrêt, vous êtes encore loin de l'avoir en votre poſſeſſion. Cette critique eſt puérile, abſurde, comme preſque toutes celles que nous avons eſſuyées, & qui plus eſt, de mauvaiſe foi Il faut pourtant y répondre avant tout ; car, par la fatalité inouie qui préſide à cette affaire, elle a fait impreſſion même ſur de bons eſprits.

### §. I.

*Qu'en formant la demande à fin d'obtenir permiſſion de prendre un Juge à partie, celui qui la forme peut & doit préſenter les moyens qui la juſtifient.*

Qu'eſt-ce que la priſe à partie ? C'eſt l'intimation d'un Juge prévaricateur en son propre & privé nom. Quand est-il permis d'y procéder ? Quand on en a obtenu la permission des Cours. Mais sur quoi les Cours la donneront-elles cette permission? Est-ce sur rien? Ne faut-il pas qu'on leur défere la malversation dont elles doivent autoriser à instruire ? Livreront-elles un Juge à ce combat dangereux, si l'on ne commence par démontrer qu'il s'est mis dans le cas d'y être exposé ? Une Partie qui formeroit sa demande préliminaire sans l'étayer de l'énoncé des preuves qu'elle en administrera par la suite, ne seroit-elle pas sur le champ écartée & même punie d'une délation qui paroîtroit nécessairement calomnieuse ? Des conclusions aussi graves, aussi sérieuses, seroient-elles donc les seules que la Justice admettroit sans preuves ?

Mais, nous réplique-t-on, ces preuves doivent exister dans l'instruction. C'est-là seulement que les Magistrats doivent chercher & trouver ce qui peut en compromettre l'auteur. Est-ce de bonne foi qu'on nous oppose une semblable objection ? Et quel Juge auroit alors à redouter cette ressource consolante, la seule que les Loix laissent à l'innocence accablée par la perversité armée de formes judiciaires ? Qu'on songe donc à celles de notre procédure criminelle. Un homme seul instruit. Un homme seul est maître d'y insérer ou d'en retrancher ce qu'il lui plaît. Si les témoins sont foibles & qu'il les intimide ; s'ils sont ignorans & qu'il les trompe ; s'ils sont crédules & qu'il les séduise, le sort de l'accusé est dans ses mains. Plus il commet de prévarications & moins son ouvrage en offrira de traces. Il faudroit qu'il fût plus stupide encore que méchant, si, avec un pouvoir aussi illimité, il donnoit des armes contre lui-même. L'excès de sa corruption seroit pour lui le gage de l'impunité. Il n'y auroit tout au plus qu'un honnête homme imprudent qui pût jamais être compromis, parce qu'il auroit des scrupules, & qu'en commettant une indiscrétion, l'idée ne lui viendroit pas même d'en supprimer la preuve, ou que quand elle lui viendroit il n'y déféreroit pas. Au lieu qu'un prévaricateur hardi & adroit iroit audevant des indices, & qu'en assassinant l'accusé, ce seroit des mains de la vérité qu'il paroîtroit recevoir l'instrument du meurtre.

Ce n'est donc pas la procédure qui peut servir de guide en pareil cas. Ce qui n'y est pas en devient alors la partie la plus essentielle, puisque c'est la clef de ce qui y est. Si elle offre heureusement des indices, il faut en profiter ; mais c'est au dehors qu'il faut chercher la preuve : ce ſont les faits qu'on en a bannis, qu'il faut recueillir ; & s'ils ont une liaiſon évidente avec ceux qui y ſont conſignés, c'eſt alors que la demande préliminaire ne peut ſouffrir aucune difficulté. Voilà l'eſprit de la Loi ; & la lettre y eſt très-conforme.

Un Arrêt de réglement rendu le 4 Juin 1699, ſur les concluſions du célébre d'Agueſſeau, renouvelle la défenſe d'intimer les Juges en leur nom, ſans y être autoriſé par un Arrêt ; mais en même tems il avertit *ceux qui croiront devoir prendre les Juges à partie, d'expliquer ſimplement les faits & moyens qu'ils croiront néceſſaires*. L'Arrêt ne dit pas ceux qui *prendront*, mais qui *croiront devoir* prendre ; c'eſt donc du préliminaire qu'il parle : or, nous croyons devoir prendre le Procureur du Roi & le Lieutenant-Général du Bailliage à partie. Pour obéir à l'Arrêt, il ne faut donc qu'expliquer ſimplement les faits indiſpenſables ; & c'eſt ce que nous allons faire. Nous établirons quatre principes inconteſtables dont nous ferons l'application à leur conduite.

Un Juge chargé d'une procédure criminelle, qui n'inſtruit pas à charge & à décharge, prévarique & doit être pris à partie.

Un Juge qui cherche à ſurprendre les témoins, qui les intimide ou les maltraite pour favoriſer une Partie au préjudice de l'autre, prévarique & doit être pris à partie.

Un Juge qui décrete ſans motifs des domiciliés prévarique & doit être pris à partie.

Un Juge qui altere la procédure ou la divulgue prévarique & doit être pris à partie.

Or, voilà ce que le Lieutenant Général & le Procureur du Roi du Bailliage ont fait.

## §. II.

### *Le Lieutenant Général n'a pas inſtruit à charge & à décharge.*

Un Juge qui reçoit des dépoſitions doit être un auditeur purement paſſif ; il doit écouter & faire écrire tout ce que les témoins veulent énoncer, à moins que ce ne ſoient des choſes évidemment étrangeres à la plainte dont il s'agit. Il ne lui eſt permis ni d'interroger les témoins, ni de les interrompre, ni de refuſer de recevoir leurs déclarations. Or, le Lieutenant Général du Bailliage a fatigué les témoins, avant & après les dépoſitions, par une multitude de queſtions étrangeres. Quand quelqu'un d'eux a voulu ou rendre hommage à la probité du Comte de Morangiés, comme la Demoiſelle Caron & d'autres, ou inculper Aubourg, ou donner des renſeignemens relatifs à la fortune des Verons, mais contraires à leur ſyſtême, il les a interrompus en diſant que *cela n'étoit pas néceſſaire*; on en offre la preuve.

Un Juge qui inſtruit un procès criminel doit, quand on lui préſente un fait grave, & qu'on indique des témoins qui peuvent le fortifier ou l'affoiblir, ſe hâter de les faire entendre. Le Lieutenant Général a fait tout le contraire, quand ce procédé pouvoit compromettre les Verons ou atténuer les faux témoignages qu'ils ont achetés. Pluſieurs témoins, comme la femme Durand, le Chevalier A..., &c. dépoſent qu'ils ont entendu Gilbert dire à la Petit *qu'elle le feroit pendre ſi elle diſoit la vérité.* Ils dépoſent que la Petit eſt convenue de la vérité de ce propos dans les ſalles du Palais, devant vingt perſonnes de marque, comme le Comte de Montboiſſier & bien d'autres. Que fait le Lieutenant Général? Il n'entend aucune de ces perſonnes, & il décrete de priſe de corps la femme Durand, la femme Petit, &c. Celle-ci qui atténue ſa dépoſition, il la relâche. L'autre qui perſiſte, il aggrave ſa captivité par toutes les rigueurs qui ſont en ſon pouvoir.

La nommée Boileau, cuiſiniere du Comte de Morangiés, dépoſe, ſi l'on en croit les Verons, *Preuves réſultantes*, page 59, que la Femme de charge de la maiſon lui a remis, immédiatement après l'époque du 23 Septembre, des louis d'or, en lui défendant de les changer dans le quartier. Rien n'étoit plus intéreſſant que d'entendre la Femme de charge, & de vérifier ce propos. S'il avoit été tenu, ce pouvoit être un indice contre le Comte: s'il ne l'avoit pas été, il falloit approfondir ce qui a engagé la Boileau à l'inventer. Cela donnoit un fil pour pénétrer dans le complot de la ſubornation. Au moins falloit-il confronter la Cuiſiniere avec ſon Maître? Qu'a fait le Lieutenant Général du Bailliage? Il n'a ni entendu la Femme de charge, ni confronté la Boileau.

Dira-t-il qu'il a mépriſé ſa dépoſition? Soit; mais il ne lui étoit pas permis de négliger d'en approfondir le motif. Il ne pouvoit pas être indifférent à la Cauſe. Ce n'étoit pas d'elle-même que la Boileau avoit atteſté, ſous la foi du ferment, un pareil menſonge; il falloit la forcer d'en révéler le ſecret.

L'Arrêt du 11 Avril donnoit acte au Miniſtere public de la plainte qu'il rendoit ſur les faits d'eſcroquerie, de violence & de ſubornation. Ce dernier grief étoit auſſi intéreſſant au moins que les autres. Dans le commencement de la procédure, il ne pouvoit concerner que les Verons. Il n'y avoit qu'eux qui fuſſent accuſés d'avoir eſſayé de corrompre des témoins. Gilbert, la Tourtera, Aubriot étoient les organes mercénaires déſignés, contre leſquels il étoit important d'amaſſer des preuves.

Que fait le Juge ? A la vérité il commence par décréter Gilbert ; & ce décret il le lâche de concert avec celui qu'il concernoit, puiſqu'aux Audiences & dans les écrits on n'a ceſſé de publier que Gilbert s'étoit rendu de lui-même en priſon ; mais, après ce premier pas fait, il ne s'occupe plus qu'à ſe ménager le moyen de reculer en arriere. Il ne travaille plus qu'à faire tomber, dans des contradictions artificieuſement amenées, les témoins qui ont le plus fortement chargé Gilbert & Aubriot, ceux qui dépoſent des faits qu'ils ont vus, entendus, ceux qui adminiſtrent la preuve palpable de la corruption pratiquée envers le cocher ; il affecte de perdre entierement de vue la ſubornation tramée par les Verons ; il ſe livre tout entier à acquerir la preuve de celle qu'il ſuppoſe machinée contre eux, ou plutôt contre un de leurs témoins : cette ſubornation ſecondaire & chimérique, comme la Sentence le prouve, devient l'unique objet de ſes ſoins, & la matiere de preſque tous les décrets. C'eſt elle qui précipite dans les fers le ſieur Menager, la femme Durand, la Petit, la Hériſſé, la Bapſt, le mari de celle-ci, ſa ſœur, &c. & enfin le Comte lui-même ; & ſur quel indice ? Sur la déclaration depuis rétractée d'une Fille flétrie, évidemment gagnée, qui n'allégue que des faits dont elle-même n'a pas de connoiſſance.

Tandis que le Juge s'occupe ainſi d'une main à preſſer, à conſolider une délation ſans fondement, que fait-il de l'autre ? Il affoiblit, il diminue, il anéantit tant qu'il le peut les preuves qui exiſtent de la véritable ſubornation. On lui dénonce que la fille Hériſſé a été gagnée, qu'elle l'avoue, que Dujonquai a été la voir en priſon ; que le Concierge eſt impliqué dans cette manœuvre ; qu'un homme, qui eſt évidemment Aubourg, s'y eſt préſenté pluſieurs fois ſous le titre de Marquis ou Baron, pour la ſéduire par des promeſſes. Le Comte demande qu'il en ſoit informé. Il indique

indique des témoins : il ſomme le Procureur du Roi, *par Huiſſier*, de les faire entendre : il réitere juſqu'à trois fois ces ſommations. Le Comte lui dénonce de même, que depuis que Gilbert eſt en priſon, Dujonquai & ſa famille n'ont ceſſé de lui tenir compagnie ; que les filles Romain ne l'abandonnent pas : il offre la preuve que c'eſt Aubourg qui le nourrit ? Cela ſera-t-il éclairci ? Non. Les témoins ſeront-ils entendus ? Non.

D'un autre côté, Aubriot perſiſte à dépoſer qu'il a vu l'or porté au Comte, & les reconnoiſſances données en échange. Aubriot étoit directement inculpé par la premiere plainte en ſubornation. Il eſt convaincu par le témoignage de Menager & de ſa famille : il peut l'être encore plus fortement par les déclarations de trois témoins étrangers, tous bien dignes de foi quand ils atteſtent ſon impuiſſance de ſortir le 23 Septembre, puiſqu'ils l'ont partagée. Qu'arrive-t-il ? On commence par décréter Menager & ſa famille. Deux mois après on entend deux ſeulement de ces trois témoins irréprochables qu'il a indiqués ; & ces deux mêmes on ne les confronte pas à Aubriot, tandis que l'on affecte de confronter à Menager tous les échos que les Verons ont ſoudoyés en faveur de leur protecteur.

Qu'en réſulte-t'il ? Qu'Aubriot n'eſt pas décrété, ni par conſéquent la Tourtera ; que leurs dépoſitions reſtent au procès ; qu'alors les Verons ont au moins l'apparence de deux témoins du port de l'or & des reconnoiſſances.

Tandis qu'Aubriot, libertin, ſans aſyle, chaſſé des Fermes pour inconduite, & convaincu d'un faux témoignage évident, eſt ſi reſpectable pour le Juge ; tandis qu'il prodigue tant d'égards à l'uſuriere Tourtera, à cette femme que pluſieurs retraites forcées dans un ſéjour honteux ont aguerrie au menſonge & endurcie à l'opprobre ; tandis qu'il écarte ou qu'il étouffe les preuves ſans nombre qui ſe multiplient contre ces deux perſonnages, il décrete d'aſſigné un ancien Inſpecteur de Police, honoré à juſte titre de la confiance du Magiſtrat, un Officier irréprochable qui n'a agi qu'en vertu des ordres du Roi, & contre lequel il ne s'éleve pas même le moindre indice. Il décrete de priſe de corps un autre Officier contre lequel il n'exiſte qu'une délation intéreſſée, qui n'a d'autre crime que d'avoir cru que des Prêteurs ſur gages avoient pu céder à une tentation ſéduiſante.

Il est vrai que par ce procédé, il conservoit des témoins aux Vérons, il en ôtoit au Comte. Aubriot, la Tourtera, n'étant pas accusés, fortifioient la chimere des billets du 24. Le sieur Dupuis, le sieur Debruguieres l'étant, les déclarations du 30 Septembre sembloient devenir suspectes. Est-ce cette considération qui a produit l'inaction du Juge en un sens, & sa prodigieuse activité dans l'autre ? Nous n'en savons rien ; mais ce contraste existe. Il suffiroit seul pour autoriser une prise à Partie. Ce sera à lui à le justifier, s'il le peut, quand il aura à son tour à se défendre.

Nous ne finirions pas sur cet article : mais à la simplicité nous voulons joindre la briéveté ; nous passons à un autre.

## §. III.

*Le Lieutenant-Général du Bailliage a voulu surprendre, a intimidé, a maltraité les témoins favorables au Comte de Morangiés.*

Une ruse formellement interdite aux Juges par les Loix, & plus encore par l'honnêteté, c'est de supposer des faits faux, pour embarrasser les témoins & même les accusés. Quand leur objet seroit de favoriser la manifestation de la vérité, ce moyen bas & malhonnête n'en seroit pas moins criminel ; mais quand il n'est employé que pour l'étouffer, que devient-il ? Or le Lieutenant-Général du Bailliage l'a pratiqué plusieurs fois : on en offre la preuve.

Mais entre autres, à la confrontation, il dit de lui-même à la femme Durand, que le Chevalier A..... qui est comme elle un des plus forts témoins contre Gilbert, la chargeoit ; qu'il avoit assuré avoir entendu Gilbert dire à la femme Petit : *Je suis sûr de Madame Durand, parce que je lui ai donné ma montre.* A la confrontation, la femme Durand reprocha au Chevalier A.... de l'avoir calomniée ainsi ; & quel est l'imposteur qui me prête ce propos, s'écria le Chevalier A.... ? C'est Monsieur, reprit la femme Durand, en montrant le Juge ; celui-ci rougit & ne répondit rien. Il étoit difficile d'excuser un semblable fait.

Quant aux menaces, il n'y a pas de séance qui n'en ait été remplie. Tous les témoins qui parloient contre son préjugé ou son inclination, c'est-à-dire, contre la persuasion où il étoit que le Comte de Morangiés est coupable & ses Adversaires innocens, il leur disoit qu'ils étoient de faux témoins : il les menaçoit de la prison ; &, comme on voit, il a souvent tenu parole. Tous, Menager, Bapst, sa femme, la Durand, le sieur Serin, la femme Chalain & bien d'autres, ont essuyé ce propos effrayant qui a été réalisé envers plusieurs. Est-ce-là le devoir d'un Juge ?

Les choses ont été portées au point qu'un de ces témoins (la Dame Duvelz) s'est cru obligé de consigner sa déclaration par écrit, chez un Notaire ou un Commissaire. De tous ces Officiers publics, pas un n'a voulu la recevoir. Soit qu'il y ait eu, ce que nous n'osons soupçonner, des manœuvres secretes qui les en aient empêché, soit que les injures & les calomnies atroces dont on a chargé impunément, dans le cours de l'affaire, Me Chenon & Me le Chauve, & tous ceux qui ont paru se défier de l'innocence de Dujonquai, aient répandu un effroi universel, toutes les Etudes se sont fermées au seul mot d'une déclaration à recevoir dans l'affaire des cent mille écus.

Il a fallu recourir à un artifice pour en faire accepter le dépôt. Le témoin l'a écrite & cachetée sous la forme d'un testament. Elle existe sous ce déguisement dans le cabinet de Me Blacque, Notaire de cette Ville, & en sortira quand la Justice voudra bien en ordonner la révélation.

Ce qui devoit résulter d'un semblable procédé, & ce qui en a résulté en effet, c'est que presque toutes les dépositions à la charge des Verons ou de leurs adhérens ont été affoiblies, mitigées, ou totalement éludées. Des témoins instruits ont biaisé ou ont entiérement évité de parler. On n'en sera pas surpris ; mais les Juges supérieurs ne sentiront-ils pas les conséquences de cette étrange prévarication ? En se mettant en garde contre la procédure telle qu'elle est, ne se croiront-ils pas obligés de la voir telle qu'elle auroit dû être ?

Pour les mauvais traitemens, il y en a d'atroces. C'est sur-tout envers les témoins de la plus basse condition, qu'il s'est permis plus d'inhumanité. Voici un extrait de ce qu'a souffert la femme Bapst par ses ordres. L'original de l'attestation où elle a consigné ses plaintes sera joint au procès.

« Il vouloit ( le Juge ) que je convienne que M. A...* étoit un » faux témoin. C'eſt-là où il m'a fait des cruautés inouies ; qu'il » m'a mis à la Tour pendant un mois, donc que j'y ai reſté pen- » dant 24 heures *ſans pain*, *ſans eau*, puiſque j'ai été obligée *de* » *boire de mon urine*, avec la tête groſſe comme un boiſſeau, » une fluxion & la fievre : de là il me fit monter à cinq heures du » ſoir à l'interrogation au ſujet de la lettre de M. le Comte de » Morangiés, & il me fit conduire au petit Châtelet à minuit, » avec les fers, diſant, que *j'avois emprunté 12 livres à M. le* » *Comte*. Le lendemain il me fit revenir en plein jour avec une » paire de fers de ſix livres, qu'il m'envoya chercher par ſon » gueux d'Huiſſier, pour paroître devant quatre coquins qui » étoient fouettés & marqués, que je n'avois jamais ni vus ni con- » nus que dans la priſon. *Il fit grande politeſſe à ces quatre mal-* » *heureux* ; & moi il me traita comme la derniere du monde. *Il* » *me fit déshabiller, parce qu'il vit que j'avois une groſſe fievre,* » *pour voir ſi je ne m'étois point ſerrée exprès pour me donner la* » *fievre*. L'Huiſſier de M. Teſſon me défit mon caſaquin pour » voir ſi je n'étois point trop ſerrée. M. Pigeon, me dit : *il n'y* » *a point de mal de mettre cette gueuſe-là au ſecret juſqu'à la fin* » *du procès, parce que c'eſt elle qui ſoutient les faux témoins qui* » *ſont le Chevalier A... le Chevalier de la G... qui ſont auſſi fourbes* » *qu'elle* ».

* C'eſt un des Militaires qui charge le plus Gilbert.

La ſœur de cette femme, nommée Blanchet, eſt morte en priſon des ſuites d'une barbarie pareille. La femme Hériſſé, ſon mari, ont été auſſi cruellement traités. Ce dernier n'a jamais commis d'autre crime que d'avoir apporté au Défenſeur du Comte de Morangiés la lettre où ſa fille annonçoit qu'elle vouloit ſe rétracter : après avoir été retenu dans la priſon par fraude, il a été jetté à la Tour de Montgommery, ſéjour affreux où les Geoliers eux-mêmes ne conduiſent qu'avec répugnance les criminels condamnés. Il n'en a été tiré que parce qu'il y fut trouvé le ſoir ſans ſentiment, & qu'on craignit qu'il n'y expirât dans le tranſport qu'une ſi horrible injuſtice lui cauſoit, joint à une incommodité cruelle à laquelle il eſt ſujet.

La femme Durand en a été menacée, & n'a dû qu'à ſon état de maladie & aux repréſentations d'un Guichetier, de n'y être pas renfermée.

Enfin on ſait comment le Comte de Morangiés a été accueilli en arrivant dans cet odieux ſéjour, comment il a été privé du ſervice de ſes gens, de la vue de ſes Conſeils, de la permiſſion de choiſir la main qui lui apprêteroit à manger. Il a fallu un Arrêt pour lui procurer ces facilités, qui ne ſe refuſent pas aux criminels d'Etat.

Au nombre de ces mauvais traitemens on doit comprendre les injures atroces que les Verons ont vomies ſans ceſſe aux confrontations contre le Comte de Morangiés, ſans que le Juge ait jamais eſſayé de leur impoſer ſilence : il y en a même pluſieurs qui ont été écrites dans la procédure, parce que le Comte a voulu qu'elle portât ce témoignage de ſa patience comme de la brutalité inouie de ſes Adverſaires, & de l'exceſſive indulgence du Juge envers eux. Gilbert, par exemple, lui diſoit ſans ceſſe qu'on le verroit un jour *au cul de la charrette du Bourreau.* Dujonquai lui a dit, qu'*il le verroit rouer ſans coup de grace ;* & bien d'autres propos que le Comte mépriſoit, mais qu'un Juge integre ne devoit pas tolérer.

Après de ſemblables griefs, il eſt inutile de parler des *ſecrets* réitérés ſans raiſon, prolongés contre toute bienſéance, quand il plaiſoit au Juge de s'aller promener hors de Paris, & d'interrompre l'inſtruction, contre le texte précis des Loix, pour aller traiter délicieuſement ſes amis à la campagne. Les témoins ſur tous ces faits ſeront nombreux & irréprochables.

## §. IV.

*Le Lieutenant Général a multiplié les décrets ſans motifs, ou du moins ſans autre motif que de favoriſer les Verons.*

Les décrets ſur-tout ceux d'ajournement & de priſe de corps, ſont des reſſources terribles que la Juſtice ne permet à ſes Repréſentans d'employer qu'en tremblant. Si la néceſſité de l'inſtruction force à les tolérer, la crainte de bleſſer l'équité doit les en rendre bien économes. La prodigalité en ce genre eſt un vrai délit. La liberté des hommes eſt un bien dont il eſt affreux de les priver, quand cette privation n'a pour but que de prétendues lumieres qu'on peut se procurer sans recourir à des moyens violens. De vieux Jurisconsultes, habitués à spéculer froidement sur des maux qu'ils n'éprouvent pas, raisonnent sur les décrets & sur la classe dans laquelle ils doivent être rangés. Ce ne sont pas des peines, disent-ils; un Juge peut les hasarder sans scrupule, pourvu qu'en définitif il fasse justice: ce qui est bon à prendre est bon à rendre Notre Jurisprudence est malheureusement encore infectée comme cela de quelques principes qui se sentent de la barbarie de nos anciennes mœurs. La raison éclairée les réprouve, & nos Loix peu à peu les réforment.

L'Ordonnance de 1670 interdit formellement aux Juges *de décerner prise de corps contre des domiciliés, si ce n'est pour crimes qui doivent être punis de peine afflictive ou infamante*. Le cri de l'humanité a engagé les Commentateurs à y joindre une réflexion dont la sagesse est sensible. C'est que dans le cas même où le crime seroit de l'espece spécifiée par la Loi, le Juge ne doit pas décréter sans *preuve suffisante*, ou du moins sans les plus forts indices. Qu'a fait le Lieutenant Général du Bailliage? Suivons-le dans sa procédure.

Une premiere remarque, c'est que de dix-huit décrets qu'il ordonne, trois seulement frappent le parti des Verons. Les quinze autres tombent sur le Comte de Morangiés & les témoins qui déposent en sa faveur. Cela est déjà bien étrange; & si l'on rapproche le genre de ces décrets de leurs prétextes, on sera bien plus surpris & bien plus indigné. Gilbert, il est vrai, est décrété de prise de corps; mais la Romain & son fils, prêteurs sur gages avérés, principaux accusés, qui ne peuvent être innocens si Gilbert est présumé coupable, ne sont décrétés que d'assignés pour être ouïs.

De l'autre côté au contraire, la Dame Duvelz, veuve d'un Procureur estimé, déclare n'avoir *pas vu* passer Dujonquai sous sa fenêtre; on la décrete d'ajournement. Le sieur Dupuis homme honnête & connu par trente années d'exercice dans une Charge délicate & importante, soutient qu'il n'a été commis le 30 aucune violence contre les Verons; on le décrete d'ajournement. Le sieur Menager, homme irrépréhensible, d'une profession utile

& estimable, dépose qu'il est convaincu que, suivant les regles de son art, Aubriot n'a pas pu sortir de chez lui un tel jour: on le décrete de prise de corps; sa femme, son fils, sa servante attestent la même vérité : on les décrete d'ajournement. Les femmes Durand, Hérissé, Petit, Bapst, Blanchet, se réunissent pour inculper Gilbert d'après ce qu'elles ont vu & entendu de lui-même : on les décrete de prise de corps. Le Juge n'a point d'autre arme à son usage : c'est un Jupiter tonnant qui ne lance que des foudres. Quelle inconcevable fureur !

Et quel est donc le crime de la Dame Duvelz ? Elle n'a pas vu. Mais vous flattiez-vous de la forcer à convenir dans ses interrogatoires qu'elle avoit eu tort de ne pas voir? Vouliez-vous lui enjoindre de voir une autre fois ? Quel pouvoit être le but de son décret ?

A l'égard de Menager, c'est la même chose. On a discuté dans son Mémoire particulier l'injustice énorme du traitement qu'il a souffert, ainsi que sa famille.

Quant à cette foule de témoins obscurs que vous avez entassés dans les prisons, parce qu'ils compromettoient Gilbert, ne pouviez-vous donc éclaircir le fait de la séduction, vraie ou non, qui les faisoit parler, suivant vous, sans exposer leur santé, sans ruiner leur commerce, sans les dévouer à l'indigence qui les attend au sortir des cachots où vous les avez plongés? La D[e] Durand, par exemple, subsistoit d'un négoce dont le succès est attaché à son intelligence, à son activité, & par conséquent à sa présence. Elle avoit des dettes actives & passives. Ses créanciers l'ont poursuivie, ses débiteurs ne l'ont pas payée. Six mois de séjour dans un lieu dont l'humanité est bannie, mais où son ombre même se paie au poids de l'or, l'ont épuisée. Que retrouvera-t'elle en sortant de vos mains? La plus affreuse misere ; & voilà le fruit de son innocence que vous avez enfin été forcé de reconnoître ; il en est de même des autres.

Ce n'est pas tout : en multipliant ainsi des décrets injustes, vous vous êtes refusé à ceux que la raison, la justice, la bienséance même vous ordonnoient de lancer. Si la Dame Duvelz, si le sieur Menager, qui n'ont jamais varié, qui n'ont dit que ce qu'il leur étoit impossible de cacher, à qui on ne peut reprocher que de ne pas tenir le même langage que d'autres témoins, ont mérité à vos yeux leurs décrets, comment avez-vous pu respecter la fille Chaume, qui se coupe elle-même en disant qu'elle *a vu à travers d'une porte vitrée dont elle a soulevé le rideau*, tandis qu'il est constant au Procès que le rideau étoit en dedans, & qu'elle assure que la porte étoit fermée? Comment avez-vous laissé libre la femme Portier, qui vient à la confrontation déclarer un fait nouveau infiniment grave, dont elle n'a jamais parlé, qui affirme que Dujonquai lui a dit : *j'ai encore bien des voyages à faire pour porter mon or au Comte de Morangiés?*

Voilà un faux témoignage des plus évidens : à peine est-il consommé, que le cri de sa conscience l'alarme. Elle tremble ; elle pâlit ; elle se rétracte enfin. Cela est vrai ; mais elle n'avoit pas parlé ainsi sans l'instigation de quelqu'un ; ce quelqu'un il falloit le découvrir ; & vous la laissez sortir, sans autre peine que la fixation de son salaire !

On en peut dire autant d'Aubriot ; il ne peut se tirer d'une contradiction embarrassante qu'en affirmant qu'au milieu de ses remedes il avoit assez d'appétit *pour dîner & souper deux fois* par jour, & vous ne lui en montrez que plus d'égards : vingt autres témoins aussi suspects ne reçoivent de vous que les preuves d'une indulgence bien cruelle pour le Comte de Morangiés.

Il y a plus : pourquoi donc ce choix, même dans le parti qui vous est odieux ? Quoi ! vous décretez Menager, sa femme, son fils, & les deux malades qui parlent précisément comme eux, vous les dédaignez, vous les laissez libres ! Vous précipitez dans les cachots la Durand qui a été présente quand Gilbert a supplié la Petit de déposer faux pour le sauver, & vous ne touchez point à deux Militaires qui ont entendu comme elle, qui déposent comme elle, qui ont comme elle déconcerté Gilbert ! Aviez-vous depuis le décret acquis la preuve de l'innocence de la Durand ? En ce cas, il falloit donc l'élargir sur le champ, & en définitif condamner Gilbert. Point du tout : Gilbert est absous & la Durand aussi. Ce sont quatre absurdités contradictoires au lieu d'une. Pourquoi d'abord est-elle décrétée ? Pourquoi l'est-elle seule? Pourquoi n'est-elle pas condamnée? Pourquoi celui qu'elle accuse

accuse ne l'est-il pas non plus? Sur cet article comme sur les autres, on feroit un volume du recueil des faits qui convainquent le Lieutenant Général de la prévention la plus aveugle, de la précipitation la plus inconséquente, & de la partialité la plus odieuse.

## §. V.

*La procédure a été altérée par le Lieutenant Général du Bailliage dans l'instruction, & communiquée aux Verons.*

C'est altérer une procédure criminelle que de refuser d'y inscrire tout ce que les témoins déposent de relatif à l'affaire qui s'instruit. Or, ce genre de prévarication, le Lieutenant Général du Bailliage l'a commis cent fois. L'anecdote de la Dame Duvelz, & bien d'autres le prouvent. Nous n'en citerons qu'un trait, c'est son refus constant & constaté par lui-même de souffrir qu'on nommât Aubourg, Aubourg la Partie principale du Procès, & qui en est le principal agent; Aubourg qui y est ramené de tous côtés; Aubourg qui s'est déguisé en Baron pour surprendre la Hérissé; Aubourg qui prodiguoit aux témoins l'eau-de-vie, l'argent & encore plus de promesses; Aubourg qui nourissoit & nourrit encore Gilbert; Aubourg enfin qui compromettoit le Siége, en commandant publiquement des *pâtés*, qu'il envoyoit sous son nom au Bailliage, comme il est prouvé par écrit au Procès. Tout cela a été connu du Juge; & cependant il n'a cessé d'écarter avec le plus grand soin le redoutable nom d'Aubourg de la plume de son Greffier: il imposoit silence à tous les témoins qui en parloient. A la confrontation même, ce n'est que par adresse que le Comte de Morangiés est parvenu à arracher ce nom mystérieux de la Dame de Maisonneuve; & par excès d'opiniâtreté, qu'il a forcé le Juge de le laisser insérer dans le verbal. D'où vient donc cette répugnance? Est-ce une procédure fidele que celle qui a été ainsi rédigée?

A la confrontation avec Gilbert, Bapst qui le charge est pressé par le Juge de dire qu'*il connoît le Chevalier A. qui le charge aussi;* que *le Chevalier est venu le voir chez lui*: Bapst le nie. Le Juge ne laisse pas de le faire écrire. Il faut lire la confrontation avant que de la faire signer: on lit, mais si rapidement que le témoin n'entend rien. Il demande qu'on aille plus doucement; il y force le Greffier. Trouvant le propos qu'il a nié, il veut qu'on le raie : le Juge s'y refuse : le témoin proteste qu'il ne signera pas : le Juge veut le forcer de signer. Enfin Bapst prend la plume des mains du Greffier, & raie lui-même le propos qu'il désavoue. Voilà un fait dont la preuve doit exister dans les minutes. Il y a au Procès des conclusions spéciales pour que les Juges supérieurs se les fassent représenter. On y joindra un écrit signé de Bapst, où il révele cette anecdote.

Le Sr Menager est présenté à la confrontation avec son ancien valet nommé Mera. Il le déconcerte, le Juge se fâche ; il menace pour cette fois un partisan des Verons du cachot, mais on voit dans quel esprit. Voyant que l'effroi ne le ramene point, il supprime le commencement de la confrontation, & on se retire sans rien signer. Ce fait a été nettement articulé par le sieur Menager dans son Mémoire signé de lui, & dans des instructions particulieres sur lesquelles il a été composé. Il a donné lieu à un événement non moins étrange que tous ceux dont cette Cause a malheureusement donné le premier exemple.

Le lendemain du jour où ce Mémoire a été publié, le Lieutenant Général a paru en plein Palais, portant sous son bras une liasse de papiers : & qu'étoit-ce que ces papiers ? La procédure en original. Il l'a fait voir à tout le monde : il a forcé les particuliers les plus indifférens à y lire, à y voir le nom de *Menager* apposé au bas d'une confrontation avec *Mera*. C'est déjà une prévarication de plus, comme nous l'avons dit page 14 de l'*Examen abrégé*, que cette révélation des pieces secretes d'une procédure secrete elle-même par essence.

Le Juge auroit beau dire qu'il s'agissoit de sa justification personnelle : il ne lui étoit pas permis de se faire ainsi justice à lui-même ; il devoit l'attendre des Magistrats qui vont prononcer sur le fonds & sur les accessoires de la Cause. Violer pour sa satisfaction particuliere un dépôt sacré, c'est commettre un vrai délit qui donne bien de la probabilité à tous les autres qu'on lui reproche.

Mais cet excessif empressement n'autorise-t-il pas quelque défiance ? Est-ce bien la signature du Sr Menager pere qu'il a montrée ? Le fils a été entendu aussi. On convient qu'il a été confronté. Sa signature existe ; n'auroit-on pas donné l'une pour persuader l'existence de l'autre ? Cette subtilité adroite n'auroit cependant qu'un succès passager ; il faudra bien, tôt ou tard, que l'illusion se dissipe.

On assure qu'il existe dans les grosses une confrontation de Mera avec le sieur Menager pere. Il faut donc que les Juges supérieurs prennent la peine de vérifier les minutes; & enfin, quand ces minutes présenteroient une confrontation telle qu'on l'articule, le sieur Menager, sûr de son fait, déclare en ce moment qu'elle ne peut lui avoir été surprise que par d'indignes artifices; qu'il faudroit qu'on lui eût fait signer cette confrontation sous un autre prétexte, ou enfin que sa signature seroit contrefaite: voici la déclaration qu'il nous a prié de publier, & dont l'original est au Procès.

« J'autorise M. Linguet à dire & à imprimer que la confron- » tation qui avoit été commencée entre moi & le nommé Mera » mon domestique n'a point été finie, & que je ne l'ai point si- » gnée; que j'ai demandé à la signer; que le Lieutenant Général » a dit que cela étoit inutile; que sur ce le Greffier a proposé de » supprimer la déposition de Mera; que le Lieutenant Général a » dit qu'elle étoit trop importante. Qu'ainsi je proteste contre » toute signature qui pourroit être à la suite d'une confrontation » avec Mera, comme étant fausse, ainsi que je le soutiens dès-à- » présent, me réservant même, s'il est besoin, de m'inscrire en » faux, si on ose en présenter une. A Paris ce 6 Août 1773.

» *Signé*, MENAGER ».

Quand, au reste, le Lieutenant Général pourroit se disculper de cette accusation, ce qui paroît bien difficile, à en juger par le ton du sieur Menager, qui n'a après tout, aucun intérêt à soutenir un mensonge, se laveroit-il de même de tous les autres reproches qu'on lui fait ici, de ceux que l'on réserve pour l'instruction de la prise à Partie, de ceux que les témoins révéleront, de ceux enfin que la procédure elle-même nous mettroit dès aujourd'hui à portée de découvrir, si l'on en avoit violé le secret en notre faveur, comme on l'a fait pour les Verons?

Quant à ce dernier grief, le Comte de Morangiés n'en charge pas précisément le Lieutenant-Général: il peut tomber sur le Procureur du Roi ou le Greffier. Ce que le Comte affirme, c'est que la procédure entiere a été plusieurs jours déposée chez Aubourg, & qu'elle y a été copiée. Voilà ce qu'il offre de prouver; ce sera à Aubourg à apprendre de qui il la tenoit: & cette déclaration donnera peut - être de nouvelles, d'importantes lumieres sur la prise à Partie.

En voilà sans doute la necessité bien démontrée ; les Juges supérieurs pourroient-ils balancer à en accorder la permission ? On fera, nous nous y attendons bien, de prodigieux efforts pour les en détourner ; on n'épargnera rien pour leur persuader qu'il est dangereux d'exposer un Juge à un examen qui semble compromettre la dignité des Tribunaux ; mais ils sentiront aisément que le vrai danger seroit de tolérer des vexations pareilles, & de faire espérer l'impunité à des prévaricateurs armés d'un Office. Jamais la Justice ne mérite mieux les hommages & la confiance des hommes, que quand c'est sur un de ses membres qu'elle exerce sa rigueur.

Sans doute, il faut que les premiers Juges soient respectables au reste des Citoyens ; mais ne faut-il pas aussi que l'innocence soit respectée par eux ? S'ils sont capables de prévariquer, ne faut-il pas que la crainte les arrête quand leur conscience ne les arrête pas ? Ne faut-il pas de tems en tems des exemples capables de nous rassurer, nous enfans obscurs d'une Patrie que nous servons, & qui soumet, sans nous consulter, notre fortune, notre honneur, notre vie, à des mains que nous ne choisissons pas ?

On crie par-tout que le bien du commerce exige la condamnation du Comte de Morangiés. Nous avons prouvé le contraire : mais le repos commun de la société demande un exemple dans la personne du Lieutenant général du Bailliage & du Procureur du Roi. Bien peu de particuliers courent le risque de s'entendre redemander par des escrocs cent mille écus qu'ils n'auront pas touchés ; mais qui de nous n'est pas chaque jour exposé à se voir impliqué dans un procès criminel, par la perversité d'un premier Juge, & par l'infidélité des témoins que sa connivence enhardit ? Les Cours, en pareil cas, ont toujours été sans pitié.

Le 5 Mars 1759, le Parlement a rendu un Arrêt célebre & rigoureux dans une matiere qui en paroissoit bien moins susceptible. Un Lieutenant Général de Troyes nommé, comme celui du Bailliage, Commissaire de la Cour, avoit prévariqué par foiblesse plus que par méchanceté ; il avoit moins prêté son ministere au crime qu'il ne l'avoit refusé à l'innocence. Il ne s'agissoit pas, comme ici, des plus grands intérêts qui puissent animer les hommes ; les accusés compromis n'avoient essuyé ni prison ni traitemens honteux ; ils ne demandoient la prise à Partie qu'avec une timidité qui ne leur permettoit pas même de désigner contre qui ils la vouloient diriger. La Cour, en jugeant, leur indiqua d'elle-même les victimes qu'elle leur permettoit de frapper. Elle interdit d'office le Lieutenant général de Troyes qui avoit fait l'instruction, & le manda pour venir rendre compte de sa conduite : L'Arrêt sera joint au Procès. Que nous sommes dans un cas bien plus grave, & dans des circonstances bien plus favorables !

Nous ne nous appesantirons point en finissant sur la situation du Comte de Morangiés ; elle n'est que trop touchante & trop connue. Nous ne nous étendrons pas sur la nécessité de le venger des outrages sans nombre qu'il a reçus, des calomnies indignes qui l'ont compromis, des libelles atroces que l'on a multipliés contre lui, contre sa famille, contre tous ceux qui ont eu le courage de ne pas l'abandonner dans son humiliation : ce sont-là les conséquences nécessaires de la démonstration de son innocence.

Nous nous permettrons encore bien moins de représenter aux Juges l'importance du Jugement qu'ils vont rendre, & l'avidité pleine d'inquiétude avec laquelle il est attendu. Jamais ils ne trouveront une occasion plus favorable de s'honorer aux yeux de la Nation, de justifier le choix du Prince qui leur a confié le dépôt de son autorité, & de calmer enfin les ames honnêtes qu'une Sentence inique & les manœuvres qui l'ont précédée, ont si justement révoltées. *Signé*, Le Comte DE MORANGIÉS.

*Monsieur* GOUDIN, *Rapporteur.*

Me LINGUET, Avocat.

---

*Fautes essentielles à corriger.*

*Page* 4, *ligne* 11, 1770 : *lisez* 1771.
*Même page*, *ligne* 34, même faute ; faites la même correction.
*Page* 17, *ligne* 11, page *lisez* page 10.

---

De l'Imprimerie de LOUIS CELLOT, rue Dauphine, 1773.

www.ingramcontent.com/pod-product-compliance
Lightning Source LLC
LaVergne TN
LVHW012024220826
846092LV00001B/484
*9782329729695*